Ralph Ludwig
Jochen Klepper

Jochen Klepper
1903–1942

Ralph Ludwig

Jochen Klepper

Warum sich der Liederdichter in tiefer Not getragen fühlte

*Herausgegeben von Uwe Birnstein
in der Reihe „wichern porträts"*

Wichern-Verlag

Ralph Ludwig, Dr. theol., geboren 1943, war zunächst Pfarrer in Heidelberg, dann von 1983 bis 2006 Redakteur beim Norddeutschen Rundfunk (Religion und Gesellschaft). Heute arbeitet er als Schriftsteller. Zahlreiche Veröffentlichungen zu theologischen Themen. In der Reihe *wichern porträts* sind von ihm erschienen: Die Prophetin. Wie Dorothee Sölle Mystikerin wurde. (2007); Der Querdenker. Wie Helmut Gollwitzer Christen für den Frieden gewann (2008); Der Herrnhuter. Wie Nikolaus von Zinzendorf die Losungen erfand (2009). Der Erzähler. Wie Johann Peter Hebel ein literarisches Schatzkästlein schuf (2010).

Zitate von Jochen Klepper sind kursiv gesetzt.

Wichern-Verlag GmbH, Berlin 2012
Umschlag: Atelier Anne Rieken, Bremen
Satz: NagelSatz, Reutlingen
Druck und Bindung: Elbe Druckerei Wittenberg GmbH
ISBN 978-3-88981-346-6

Inhalt

Vorwort

Der dänische Philosoph Sören Kierkegaard hat in seinem Tagebuch einen merkwürdigen Blick in die Zukunft gewagt. „Die Stunde ist wohl nicht sehr ferne, da man, vielleicht um recht teuren Preis, es erfahren wird, dass der wahre Ausgangspunkt für das Finden des Absoluten nicht Zweifel ist, sondern Verzweiflung." Jochen Kleppers Leben scheint wie ein Siegel auf dieses Wort. Seine Suche nach dem Absoluten war nicht geprägt von gedanklichen Experimenten und theologisch feinsinnigen Überlegungen. Vielmehr stürzte ihn das Leiden, das ihm von vielen Seiten unausweichlich auferlegt schien, immer wieder in Verzweiflung. Das ersehnte Theologiestudium brachte er nicht zu Ende, weil er die Berufung zum Schriftsteller fühlte, die ihm mehr Leiden als Erfolg einbrachte. An der Kirche litt er bitter, wollte sie am liebsten verlassen, konnte es aber nicht, weil *in ihr noch ein Kern der Urgemeinde war*. Die Liebe zu seiner Frau und den Stieftöchtern zwang ihn in einen aussichtslosen Kampf gegen einen widersinnigen Rassenwahn und führte ihn schließlich in den gemeinsamen Tod. Die politischen Verhältnisse stürzten ihn in unlösbare Verwirrungen. Der nationalsozialistische Staat war für ihn einerseits gottlos, andererseits sah er in ihm auch eine *Obrigkeit als von Gott*.

Aus diesen Widersprüchen entstanden Lieder, die heute für viele Menschen, auch für mich, in nahezu biblischer Sprachgewalt von einem unerschütterlichen Vertrauen in Gottes Gnade singen, die über alle Ängste und Verzweiflung, über die Nächte unseres Lebens tragen werden.

Man hat Klepper vorgeworfen, er sei „ein deutsches Schaf" gewesen, politisch kurzsichtig, kein „Märtyrer der Kirche" und unfähig zum Widerstand gegen ein unmenschliches

System. In diesem Porträt geht es nicht um die Frage, wie die Person Kleppers in Wahrheit zu beurteilen ist. Das mag die Leserin, der Leser am Ende des Buches selbst tun. Zu erzählen ist das Leben eines Dichters, der von sich gesagt hat: *Ich glaube, so paradox es klingt, dass letztlich gerade das einen trägt, was man als schwere Last empfindet.*

Lundo, 20. Juli 2012

Ralph Ludwig

Auf Messers Schneide

Berlin-Südende, 28. März 1937. Ein reich geschmückter Früh-
stückstisch erwartet Johanna und Jochen Klepper beim Aufstehen. Die beiden Töchter, die siebzehnjährige Brigitte und die
fünfzehnjährige Renate, begrüßen die Eltern überschwänglich.
Sie haben für die beiden alles zum Schönsten hergerichtet –
seit fünf Jahren tun sie das zu diesem Datum, seit Hanni, ihre
Mutter, den jungen Jochen geheiratet hat. Der sechste Hochzeitstag sollte ein besonderer Tag werden, das hatte das Ehepaar sich vorgenommen. *Hanni und ich haben uns die Wappen-
ringe zum Feste neu schleifen lassen, weil beider Steine zerschlagen
waren. Das war ein seltsamer Augenblick: nach sechs Jahren so schwerer Ehe sich von neuem die Ringe, die gleichen, anzustecken.* Ein seltsamer Augenblick? Eine so schwere Ehe, kein wirkliches
Glück? Keine reine Freude, kein Überschwang? Der Tagebucheintrag Kleppers vom Ostersonntag spiegelt eher die Be-
drückung wieder, unter der die ganze Familie in diesen März-
tagen leidet. Einerseits ist es überwältigend, ja fast ein Wunder,
dass drei Jahre mühselige Arbeit und viele Ängste für Jochen
zu Ende gegangen sind. Die Deutsche Verlagsanstalt (DEVA)
hat den großen Roman „Der Vater" gedruckt und rührt heftig
die Werbetrommel, die ersten Exemplare sind ausgeliefert, der
Verkauf ist gut angelaufen, der Verlag spricht schon jetzt von
einem grandiosen Erfolg, den dieser Roman über den Vater
Friedrichs des Großen haben wird. Endlich scheint sich der
Traum Kleppers, vom Bücherschreiben leben zu können, zu
erfüllen. Wo er doch den Kopf voll hat mit Ideen und Plänen.
Erfolg haben, das hatte er doch immer ersehnt, nicht den eigenen Ängsten um seine Unvollkommenheit ausgeliefert zu sein,

sondern das Lebensziel zu verwirklichen: *Ich will nichts sein als ein protestantischer Dichter*. Das alles scheint nun Wirklichkeit zu werden – ein Grund, ausgelassen zu feiern. Dazu der Hochzeitstag – das erneute Anstecken der Ringe bekräftigt nicht nur das Glück der Gemeinsamkeit, sondern bestätigt zugleich einen unter anderen Bedingungen gefassten Entschluss: Wir werden zusammen bleiben, geschehe, was will. Schließlich die Töchter, sie sind stolz auf ihren Stiefvater, und er ist glücklich über die beiden, die ihm ans Herz gewachsen sind. Alles spricht für eine perfekte Familienidylle an diesem Ostertag.

Doch davon sind alle weit entfernt. Am Tag davor nämlich, dem „Stillen Sonnabend" und letzten Tag der Karwoche, war ein Einschreiben von der Reichsschrifttumskammer gekommen. Sie hatte nüchtern mitgeteilt, dass Klepper mit sofortiger Wirkung ausgeschlossen sei, da er „nicht geeignet" sei, „durch schriftstellerische Veröffentlichungen auf die geistige und kulturelle Entwicklung der Nation Einfluss zu nehmen". Das Aus für den Lebenstraum „protestantischer Dichter", jedenfalls in der Öffentlichkeit. Keine Zeitung würde mehr einen Artikel von ihm abdrucken, kein Verlag etwas von ihm annehmen, von seinen Romanideen ganz zu schweigen. Befürchtet hatten Hanni und Jochen das schon länger, vergeblich gegen den Alptraum angekämpft. Jetzt war er Wirklichkeit geworden. Bereits einen Monat zuvor, am 22. Februar, hatte sich der dunkle Schatten drohend angekündigt. Ausgerechnet an dem Tag, als das erste blausilbern eingebundene Exemplar des Vater-Romans vom Verlag angekommen war, veröffentlichte die Presse einen Auszug aus einer Rede von Joseph Goebbels: „Als das stolze Ergebnis der Neugestaltung des Kulturlebens unter nationalsozialistischer Führung hob Reichsminister Dr. Goebbels hervor, dass der Reichskulturkammer als einer der ganz wenigen Organisationen außerhalb der Partei keine Juden, keine Halbjuden und keine jüdisch versippten Mitglieder angehören."

Als „jüdisch versippt" gilt auch Klepper durch seine Heirat mit Hanni. Auch wenn das „versippt" eigentlich eine Blutsverwandtschaft bezeichnet: Johanna Klepper war jüdisch, ihre Töchter aus erster Ehe ebenfalls. Als „versippt" galt auch, wer eine Frau „nichtarischer Abstammung" geheiratet hatte. Also auch für ihn, der an der Schwelle zum Erfolg steht. Die Konsequenz war beiden klar: Klepper droht der Ausschluss. Im Tagebuch findet sich zum gleichen Datum nur eine scheinbar sachliche Notiz über den Empfang des frisch gedruckten Buches: *Wir empfanden mehr Bewegtheit als Freude.* Klepper muss die Angst zunächst unterdrückt haben, die beide befallen hatte. Denn in Wahrheit stürzte das Zusammenfallen des Erfolgs mit der niederschmetternden Nachricht ihn und Hanni in helle Verzweiflung. Wie sollte das Leben nun weitergehen?

Einmal abgesehen von der finanziellen Not, die auf alle zukommen würde: Würde er denn nun ein Leben führen können, das seinem großen Wunsch freier Schriftsteller zu sein, entsprach? Ein Wunsch, den Hanni mit allen Kräften unterstützte, weil sie spürt, dass er seiner Berufung folgen muss. Illusionen macht Klepper sich über die Zukunft nach dieser Nachricht nicht. Er spricht mit Dr. Pagel, der das Berliner Büro seines Verlages, der DEVA, leitet. Zunächst geht es nur um eine Liste der Rezensenten, denen das Buch zugehen soll. Dann aber geht Pagel auch auf die Rede Goebbels ein. Er vermag Klepper nicht zu beruhigen. Denn *da wurde ich doch sehr schweren Herzens; und Hanni mag es trotz aller unserer Ruhe nicht anders ergehen. Die Goebbelsrede habe ich – obwohl »versippt« doch blutsverwandt bedeutet – nicht zu pessimistisch beurteilt. Die Ausschlussaktion scheint nun ihrem trüben Ende entgegenzueilen. In diesem Moment ist alles das sehr hart.*

Das alles ist sehr hart und: *Mehr Bewegtheit als Freude,* selbst im Augenblick eines Triumphes – das hört sich an wie eine Überschrift über Kleppers viel zu kurzes, im Grunde tragisches Leben. Keine Freude gab es für ihn wohl nie, stets bedrängte ihn die Sorge um den nächsten Schritt, nie konnte er genau sagen, ob der Punkt, an dem er gerade stand, der war, den er im Innersten wirklich gewollt hat.

Seine Tagebücher bezeugen diesen nervenaufreibenden Wechsel zwischen der Suche nach Ruhe und der Furcht vor dem Scheitern. In den kleinen Schulheften mit den eng beschriebenen Seiten – auf DIN A 5 hat er immerhin 40 bis 42 Zeilen untergebracht – gewährt er ungewöhnlich persönliche Einblicke in seine Seele. Zeichnet man sein Leben aus diesen Notizen nach, gerät man unwillkürlich in den Sog des Kampfes um Geborgenheit in einer menschenfeindlichen Wirklichkeit, die jeder Beschreibung spottet.

Es geht in diesem Porträt nicht um ein Psychogramm Kleppers, auch nicht darum, seine persönlichen Entscheidungen zu beurteilen. Vielmehr soll der Geschichte seiner Person und seines Werkes sowie der ihm vertrauten Menschen nachgespürt werden. Seine Spur führt zugleich in eine Zeit, die Unmenschliches als „normal" auf die Tagesordnung gesetzt hatte. Nur wenige Menschen konnten die Kraft aufbringen, sich dagegen zur Wehr zu setzen und Menschlichkeit und Mitgefühl in die Tat umzusetzen.

Klepper war kein Kämpfer, nach eigenen Worten fehlte ihm jedes politische Gespür, er war ein Lyriker, der sich ohnmächtig fühlte angesichts der politischen Entwicklung, die Deutschland in eine Katastrophe führen musste. Was er übrigens klar vorausgesehen hat. Und er war zugleich ein tiefreligiöser Mensch, der sich vor die Frage gestellt sah zu entscheiden, was an seinem Leben „gottgewollt" war, dem er sich darum nicht widersetzen durfte, und was er selbst verschuldet hatte. Diese Entscheidung musste er wieder und wieder treffen – und war sich gleichzeitig bewusst, dass sie ihn überfordern würde. In einem Brief an den Schriftsteller Reinhold Schneider hat Klepper selbst sein Heim in Berlin als „tragisches Idyll" bezeichnet.

Wie kam Klepper, der Sohn eines schlesischen Pfarrers dazu, diesen Weg eines Künstlers, eines Schriftstellers und Dichters zu gehen statt das zu tun, was viele seiner Studienkollegen taten: Pfarrer zu werden und ein relativ sicheres Leben zu führen, selbst in unsicheren Zeiten? Den Weg, den er im Gefühl ging, keine Wahl zu haben, obwohl ihm klar war, dass er ins Leiden führen musste.

Erstes Kapitel

Verspielte Kindheit
und Sorgenkind

Am 22. März 1903 kommt Jochen Klepper in Beuthen an der Oder zur Welt. Die Freude in der Familie des Pfarrers Klepper ist groß, der erste Sohn ist geboren, die beiden Schwestern Margot und Hilde sind sieben und fünf Jahre alt. Ein evangelisches Pfarrhaus in Schlesien – das verspricht eine gute, gesicherte Zukunft.

Zu diesem Zeitpunkt kann keiner damit rechnen, dass Joachim, den alle Jochen nennen, einen besonderen, außergewöhnlichen Weg gehen wird. Auch nicht damit, dass seine „Natur", seine empfindsame Seele, sein ausgesprochener Hang zur Ästhetik ihn von Jugend an bestimmt. Einige Biografen Kleppers gehen wie selbstverständlich davon aus, der junge Mann habe „von der Mutter die Natur", sie meinen damit „das künstlerische Naturell, die Sensibilität, den Geschmack und den Sinn für Eleganz" geerbt. Vermutlich lassen sie sich von der „weiblichen" Attitüde Kleppers leiten – er hat schon mit neunzehn und zwanzig Jahren sehr viel Wert auf sein Aussehen gelegt, Puderdose und Fläschchen auf dem Zimmer im Theologenkonvikt zu seinen unverzichtbaren Accessoires gezählt. Man mag diese küchenpsychologische Erklärung lächelnd zur Kenntnis nehmen. Sicher, die Mutter Kleppers war keine Pfarrfrau im herkömmlichen Sinn. Ursprünglich katholisch, in einem Kloster erzogen, war Hedwig Louise Betty geb. Weidlich in ihrem Auftreten aber weit entfernt von katholischer Sittsamkeit. Sie kleidete sich modisch, trat elegant auf, mit Sicherheit hat Jochen ihr den

13

Geschmack für Kleider, Möbel, Bilder – und den Sinn für das Schauspielerische zu verdanken. Sechzehn Jahre alt war sie, als sie den jungen Pastor Georg Klepper kennenlernte, knapp zwei Jahre später heirateten die beiden. In die klassische Rolle einer Pfarrfrau habe sie sich nicht fügen wollen, erzählt Jochen selbst. Einem Mitschüler hat er jedenfalls erzählt, seine Mutter lasse *um der Gemeinde willen die Predigten des Vaters über sich ergehen, pflegte dabei aber im geschlossenen Kirchenstuhl Patiencen zu legen.*

Eine „fromme" Pastorenfrau scheint Hedwig also nicht gewesen zu sein, eher weltzugewandt, mit einem gewissen Vorbehalt gegen die Kirchlichkeit. Künstlerin war sie vielleicht. Entscheidend ist die Frage, wie es zu der außergewöhnlichen Frömmigkeit gekommen ist, die den Sohn so stark bewegt, ja sein ganzes Leben überformt hat?

Man kann vermuten, dass der Vater einen starken Einfluss auf den jungen Mann ausgeübt hat. Oberflächlich betrachtet bietet er zwar das geradezu klassische Bild eines lebensfrohen Pfarrherrn. Georg Klepper, zweiter Pfarrer in Beuthen an der Oder, ist musikbegeistert, er leitet ein ganzes Orchester, tritt als offener, jovialer Pastor auf, der gern auf Leute zugeht und zupackt, wenn Not am Mann ist, der die Jagd und gutes Essen liebt. Andererseits aber ist er ein frommer Mann, ein Pastor Herrnhuter Prägung. Während seines Theologiestudiums hatte er ein Jahr am theologischen Seminar der Brüdergemeine in Gnadenfeld verbracht. Seinen ersten Sohn Joachim, Jochen genannt, taufte er am 26. April 1903 mit Jordanwasser, das ihm seine Mutter aus der Herrnhuter Brüdergemeine besorgt hatte..

Dieses „fromme" Bild des Pastors Georg Klepper verbirgt sich hinter dem anderen, auffälligen, üppigeren des Kulturprotestanten. Pastor Klepper konnte über ein beträchtliches Nebeneinkommen verfügen, das den Lebensstandard erheblich besserte. Er konnte es sich leisten, auf die Dienstwohnung im Pfarrhaus zu verzichten und ein schon fast herrschaftlichen Haus zu beziehen. Sein Vater, Rechnungsrat an der Breslauer Universität, hatte jedem seiner drei Söhne

100 000 Mark hinterlassen, was Pastor Klepper drei bis vier-
tausend Mark Zinsen einbrachte. Der gehobene Lebensstil
fiel in Beuthen auf. Der Historiker Seth Demel zitiert eine
zeitgenössisches Urteil: „Sein Patron, der Fürst zu Carolath
und Beuthen, ist nicht gut auf ihn zu sprechen. In höchst
unpastoraler Weise schießt der junge Pastor als Pächter der
Nachbarjagd Seiner Durchlaucht gerade die kapitalsten
Böcke vor der Nase weg. Und auch sonst! Ist es zu glauben?
Dieser Pastor Klepper fährt im eigenen und selbstgesteuerten
Automobil zur Weltausstellung nach Paris!"

Das Außenbild täuscht leicht über die geistliche Bedeutung
hinweg, die der Vater für Jochen gehabt hat. Immerhin finden
sich im literarischen Nachlass Jochen Kleppers drei Bände
gesammelter Predigten seines Vaters. Martin Wecht weist in
seiner gründlichen Untersuchung der Geschichte Jochen
Kleppers darauf hin, dass die theologische Haltung seines
Vaters „wichtige Impulse zum Verständnis des ‚späten' Jochen
Klepper geben kann".

Der dreißigjährige Jochen Klepper erinnert sich jedenfalls
weniger an die fromme als an eine *verspielte Kindheit*. Es war
allerdings auch eine Kindheit, die ihn früh zum Sorgenkind
der Familie gemacht hat. Seit dem dritten Lebensjahr wird
Jochen von Asthmaanfällen geplagt, er muss sich einer
Drüsenoperation unterziehen, es bleibt ungeklärt, worum es
sich dabei genau handelt – jedenfalls besucht er die reguläre
Volksschule nur ein Jahr lang, dann bleibt er bis zu seinem
vierzehnten Lebensjahr zuhause, wird von seinem Vater
privat unterrichtet. Diese Zeit bis zur beginnenden Pubertät
allein dem starken Einfluss des Vaters unterworfen zu sein
wird Klepper mindestens so stark geprägt haben wie die extra-
vagante Art seiner Mutter. Eine Kindheit voller Leiden aber
waren Jochens frühe Jahre dennoch nicht. Seine Kreativität
kann er mit seinem jüngeren Bruder Erhard ausleben. Die
beiden führen Puppentheaterstücke auf, entwerfen Kostüme
und Handlungen, es entsteht sogar eine kleine „Kunst- und
Modezeitung".

Als Jochen mit vierzehn Jahren in die Untertertia des Gymnasiums in Glogau eintritt, fällt er gleich auf. Ein Mitschüler erinnert sich: „In dem Lärm und Gebrodel der Klasse wirkte die Stille um die beiden Jungen (Klepper und seinen Nachbarn, der gleichfalls aus Beuthen kam) in der mittelsten Bank der ersten Reihe geradezu bestürzend auf mich und zugleich ungemein anziehend. Dabei waren sie grundverschieden, schon in ihrem Äußeren. Klepper in seinem Matrosenanzug erschien mir wie aus dem Ei gepellt, peinlich sauber und adrett … mit einem Gesicht wie ein Asket, hager und kränklich. Er blickte uns ernst und gesammelt aus großen, fast schwermütigen Augen entgegen … weltfern."

Der vierzehnjährige Jochen muss jeden Tag mit der Bahn 20 Kilometer von Beuthen zum Evangelisch-Humanistischen Gymnasium im benachbarten Städtchen Glogau pendeln. Er kann zwar gemeinsam mit zwei Schulkameraden fahren, seine Eltern aber glauben nach wenigen Monaten, ihr Sohn werde durch die Bahnfahrt zu stark strapaziert und geben ihn im Oktober 1917 in die Obhut seines Lehrers Erich Fromm. Fromm stammt aus einem Pfarrhaus und war mit Pastor Klepper befreundet, darum wissen Jochens Eltern ihn in guter Obhut. Zumal Fromm einen guten Kontakt zu Jochen entwickelt und dieser sich offenbar von seinem Lehrer angezogen fühlt. Ein Mitschüler Kleppers erinnert sich später, Jochen habe sich in den Pausen oft dem Oberlehrer Fromm angeschlossen, „mit dem er französisch parlierte oder irgendein Thema über Literatur abhandelte". Es habe sich, berichtet Rita Thalmann in ihrer Biografie, ein „komplexes Vater-Sohn-Verhältnis entwickelt, das bis in die Studienzeit anhielt". Gleichzeitig aber habe der Lehrer ab 1919 Eifersucht entwickelt, die 1924 zum völligen Bruch Kleppers mit diesem führt. Viel wahrscheinlicher aber ist, dass die „eifersüchtige Obhut" des Oberlehrers Fromm einen wesentlich elementareren Grund als nur das „komplexe Vater-Sohn-Verhältnis" hatte. Martin Wecht kommt in seiner sehr gründlichen Ana-

Jochen Klepper 1918

lyse der Person und Geschichte Kleppers zu einem ganz anderen Schluss. Er ist überzeugt, dass der Schüler während seines Aufenthalts im Hause seines Lehrers über einen längeren Zeitraum sexuell missbraucht worden ist. Das Argument, das Wecht für diese These anführt, belegt sie nicht schlüssig. Er führt zwei Passagen aus einem frühen Stück Kleppers, dem Manuskript „Der eigentliche Mensch" an, die diesen Verdacht tatsächlich nahelegen. Geschrieben hat Klepper es im Jahr 1926, dem Jahr, in dem er sich endgültig von seinem Lehrer trennte. Im handschriftlich im Deutschen Literaturarchiv in Marbach aufbewahrten Manuskript lässt Klepper den Protagonisten „Jochen" seinem Freund klagen: *... ich habe Dich doch nie geliebt. Das war doch alles sexuelle Hörigkeit.*

Die Annahme Wechts hat einiges für sich. Sie erklärt am leichtesten, wie es zu dem radikalen Bruch mit Fromm kam, obwohl Klepper sich jahrelang mit seinem Lehrer offenbar blendend verstanden hat, sich auch seinerseits verstanden fühlte. Ihm war sehr wohl bewusst, was er Fromm zu verdanken hatte. Fromm hat ihn in die klassische Kultur eingeführt, seine ausgesprochene Liebe zur französischen Sprache geteilt und gefördert, offenbar auch ein gewisses Interesse an der politischen Entwicklung geweckt. Allerdings war diese Einführung problematisch. Fromm war entschiedener Antisemit, sein Hass gegen die *Republik der Roten und der Juden* kam während des Kapp-Putsches 1920 offen zum Ausbruch. Aber die unterschiedliche politische Einstellung kann kaum der Anlass zum Zerwürfnis mit Klepper geworden sein. Immerhin teilt der Schüler Klepper, so lassen seine Aufzeichnungen erkennen, den deutschnationalen Standpunkt Fromms, er sieht den Versailler Vertrag als tiefe Schmach Deutschlands, seine späteren Tagebuchaufzeichnungen kommentieren gelegentlich die nationalsozialistische Außenpolitik als unvermeidliche Konsequenz aus dem *Versailler Diktat*, die man deshalb verstehen müsse.

Sehr wohl aber spielt beim Bruch mit Fromm eine homoerotische Szene eine Rolle. In seinem unveröffentlichten Drama „Der eigentliche Mensch", 1926 geschrieben, gibt Klepper sich eine Art Rechenschaft über die vergangenen Jahre. Das Stück handelt von einer homoerotischen Beziehung. Ein weiterer Ausschnitt aus diesem Drama scheint auf den Lehrer Fromm gemünzt zu sein. Der junge „Jochen", wirft seinem Freund vor: *Du hast mich nicht gehen lassen, wo ich so fromm geworden bin, wenn Du mich nicht hast gehen lassen, wo ich schon fünf Semester Theologe war, lass mich jetzt gehen, wo ich einen anderen so namenlos liebe ...* Die Entstehung dieses Dramas fällt ausgerechnet in den März 1926, der Monat, in der ein Studienfreund Kleppers, Harald Poelchau, ihm rät, sich von Fromm loszusagen.

Der zweite Hinweis auf einen sexuellen Missbrauch ist Kleppers eigene Erinnerung. Warum bezeichnet er die letzten Jahre seiner Schülerzeit in seinen Tagebüchern als *namenlos schwere Zeit*? Der schulische Unterricht kann diese Empfindung nicht ausgelöst haben, das Abiturzeugnis Kleppers ist zwar nicht überragend, aber über Durchschnitt. Lediglich seine Handschrift und die Fächer Mathematik und Physik werden mit „mangelhaft" und „nicht genügend" benotet, sonst steht Klepper gut da, vor allem in Französisch, Geschichte und Erdkunde, aber auch in Deutsch und Religion. Was also ist so namenlos schwer? Die Bürde einer nicht genau benannten Vergangenheit muss ihn schwer niedergedrückt haben. Seinem Freund Harald Poelchau, Pfarrerssohn wie er, erzählt er in Briefen im März 1926 von *angsterregenden Träumen*, von Hysterie und Halluzinationen. Poelchau weiß keinen anderen Rat als den Schlussstrich unter die Beziehung zu Fromm. Offenbar war Poelchau überzeugt, dass diese Beziehung der Auslöser für Kleppers Leiden war.

Schuldgefühle

Das Drama „Der eigentliche Mensch" birgt einen versteckten Hinweis auf die für Klepper demütigende und ihn durch Schuldgefühle vernichtende Beziehung zu Fromm. Im Drama lässt Klepper den Protagonisten seiner Mutter begegnen, einer *entzückenden Frau Oberpfarrer*, die dem jungen verwirrten Studenten sagt: „Jochel, du bist doch nur krank!" Er wehrt ab, sagt, das sei nur hysterisch, nicht *krank … aber muss reden, ist nicht alles bloß pathologisch – letztenendes alles Geheimnis – immer Gott dahinter. …* Auf die verwirrende Abwehr des jungen Jochen fragt die Mutter, warum er sich denn nicht das Leben genommen habe. Er antwortet: *Ich nehme es mir auch nicht. Alles weiterleben. Alles Weg zu Gott. Selbstmord, wenn nicht in genug großer Angst, unverzeihbar. Man lässt der Möglichkeit Gottes kein Wirken übrig. Sünde gegen den heiligen Geist, welche allein nicht vergeben werden kann.* Zum ersten Mal in seinem Leben erörtert Klepper schriftlich die Frage, ob ein Mensch Selbstmord begehen darf. Seine Antwort: Der Selbstmord eines zutiefst geängsteten Menschen ist in Grenzen entschuldbar.

Die Eltern Kleppers ahnen nichts von der Belastung, unter der ihr Sohn in der Obhut Fromms leidet. Sie haben genug mit sich zu tun. Die Ehe scheint nicht sehr harmonisch gewesen zu sein, es gab oft Streit. Diese ständig schwelende Unruhe zwischen den Eltern wird Klepper zusätzlich belastet zu haben. Das geht aus einer kleinen Novelle hervor, die am 5. September 1932 in der Leipziger Volkszeitung unter dem Titel „Die Nacht in der Schachtel" veröffentlicht wird. Sie schildert einen Jungen, der den Streit seiner Eltern mitbekommt, obgleich sie ihm diesen verbergen wollen. Den Jungen packt die Wut gegen den Vater, er will seine geliebte Mutter schützen. Da hört er beide wieder lachen. *Er wollte nicht mehr hierbleiben. Er wollte die Eltern nicht wiedersehen, die sein Herz zerrissen und in die Irre führten. Immer musste man beim Zank den einen hassen und den anderen schützen. Und dann war aller Schmerz umsonst: sie lachten.*

Die Flucht gelingt nicht, der Junge beschließt, in eine Schachtel, die auf dem Schrank steht, zu kriechen und dort zu sterben. *Ganz leicht war Zozo, seine kleinen Glieder wurden steif und kalt, aber er spürte sie gar nicht mehr. Nun sterbe ich, dachte Zozo, voller Bewunderung, nun bin ich selig und tot …*

Aus literarischen Versuchen lässt sich Vergangenheit nur schwer rekonstruieren. Dennoch gehen Stoffe und Ereignisse einer erzählten Geschichte immer auch auf Erfahrungen zurück, auf erlebte Szenen. Und es mag sein, dass Klepper sehr wohl bewusst wurde, dass die ethisch anspruchsvollen und frommen Predigten seines Vaters mit dem täglichen Leben im Pfarrhaus nicht zusammenpassen wollten. Immerhin aber entschließt er sich nach dem Abitur Theologie zu studieren. Die frühere Mitstudentin Kleppers, Ilse Jonas, überliefert Sätze eines Klassenkameraden aus der Obersekunda über den Berufswunsch Jochen Kleppers: „An den Schüler Klepper erinnere ich mich als an einen hochbegabten, sensiblen und nervösen Jungen, der nicht genau wusste, ob er einmal Schauspieler oder Pastor werden würde. Die Mitschüler antworteten ihm: ,Das ist doch dasselbe!'" Für Klepper gilt das nicht. Theologie ist für ihn Berufung – allerdings nicht im herkömmlichen Sinn. Pfarrer werden, das sollte ihm nicht gelingen. Und vermutlich war das auch nicht sein wahres Ziel.

ZWEITES KAPITEL

Theologie und Poesie

Jochen Kleppers erster Schritt in das Studentenleben ist nicht einfach. Er schreibt sich in Erlangen ein, damals schon ein Hort der lutherischen Orthodoxie, aber ob das der Grund war, warum Klepper nach Erlangen ging, bleibt Spekulation. Er muss zunächst die hebräische Sprache lernen, dazu nutzt er die beiden Semester in Erlangen. Offenbar genießt er die Möglichkeiten, die diese Universität bietet. Das Studienbuch zeigt, dass Klepper neben dem Sprachkurs und den theologischen Vorlesungen ein ausgesprochenes Interesse für andere Gebiete zeigt. Im ersten Semester besucht er eine große Vorlesung über „Soziale Theorien und Bewegungen seit der französischen Revolution" und hört über „Gerichtliche Psychiatrie". Im zweiten Semester – wieder neben den großen Vorlesungen der Theologen (über die Korintherbriefe des Apostels Paulus, Kirchengeschichte der Reformation und Gegenreformation sowie über das antike und christliche Lebensideal in den ersten nachchristlichen Jahrhunderten) ist er bei der gerichtlichen Psychiatrie – zweiter Teil – und hört eine Vorlesung über die „Theorie der Musik" sowie die „Geschichte der Deutschen Kunst bis Dürer". Aus diesen nüchternen Fakten lässt sich wenig über die ersten Erfahrungen Kleppers mit dem Studium schließen. Zumindest aber so viel, dass er die Möglichkeiten genutzt hat, seine Kenntnisse nicht nur im theologischen Bereich zu erweitern, obwohl das Erlernen der hebräischen Sprache eine ordentliche Portion Fleiß erfordert. Privat scheint er nicht sehr glücklich gewesen zu sein. In einem Tagebucheintrag vom 4. Mai 1938 erinnert er sich an seine Zimmerwirtin. *Meine Erlanger Studienzeit sehe ich heute in*

einem anderen Lichte. Es war ein Unglück, dass ... in den ersten
Semestern Olly Budjuhn mein einziger Mensch war. So sehr ich
Pathos hasse: dieser rätselhafte Mensch ist eine Art seelischer Vampyr.

Olly Budjuhn, mit vollem Namen Olga Maria Budjuhn, ist
die Logierwirtin des neunzehnjährigen Theologiestudenten,
eine sechsundvierzigjährige geschiedene Arztfrau. Sie bezeichnet sich als Schriftstellerin, vermutlich hat die gemeinsame
Neigung die beiden einander näher gebracht, freilich sehr
zum Nachteil Kleppers. Jedenfalls scheint er das so empfunden zu haben, Näheres teilt er nicht mit. Über die Studienzeit
in Erlangen gibt es auch keine weiteren Informationen, sehr
wohl aber über die folgenden Studienjahre. Anfang April 1923
bewirbt Klepper sich an der Schlesischen Friedrich-Wilhelm-
Universität in Breslau. Sieben Semester wird er dort studieren,
es ist die gleiche Universität, an der auch sein Vater studiert
hat.

Der Theologiestudent

Das Breslau der zwanziger Jahre überwältigt den jungen Studenten. Mit mehr als einer halben Million Einwohnern ist
Breslau die drittgrößte Stadt Deutschlands. Eine florierende
Handels- und Industriestadt, sie zieht viele Menschen an, zählt
zu den am dichtesten besiedelten Stadtgebieten Deutschlands.
Das Gesicht der Stadt wird Klepper stark beeindrucken, die
bedeutenden gotischen Bauten der Kirchen und des Rat-
hauses, die Breslauer Innenstadt mit ihren schmucken Re-
naissancegiebeln. Mehr noch mögen ihm die zahlreichen
Jugendstilbauten ins Auge gefallen sein, die europäische „Belle
époque" hatte in Breslau eine Blütezeit, Breslau war eine Perle
des europäischen Jugendstils. Sogar die ersten Hochhäuser
werden schon geplant. Dazu die vielen hundert Kneipen,
Klubs, Restaurants, darunter der 700 Jahre alte „Schweidnitzer
Keller", die größte Schankstube der Stadt, in der auch schon
Goethe, Chopin und Gerhard Hauptmann zu Gast waren.

Was Klepper wohl stärker fasziniert, ist das kulturelle
Leben der Großstadt. Ob er das Stadttheater, eine der großen

Vorlesung an der Universität Breslau

Opernbühnen Deutschlands, besucht hat, wissen wir nicht. Sicher aber war er oft und gern im Liebich-Theater, einer Varieté-Bühne nahe dem Hauptbahnhof. Dort erlebt er den Auftritt des weltberühmten Clowns Charly Rivel, über den er später schreiben wird. Das Kleinkunstmilieu, die Theaterwelt zieht ihn magisch an. 15 Lichtspieltheater gibt es in Breslau, Klepper wird auch häufig Filmvorführungen besuchen, es gelingt ihm sogar, von der damals weltberühmten Asta Nielsen empfangen zu werden. Er sammelt in den Studienjahren viele Eindrücke, notiert Begegnungen und Gespräche, fantasiert literarische Projekte, die zwar noch keine feste Form finden, aber für seine Offenheit und seinen Ideenreichtum sprechen.

Ob die Universität den gleichen tiefen Eindruck bei ihm hinterlassen hat? Sie hatte sich einen guten Ruf erworben, auch im Bereich der Theologie. Sie war die erste deutsche Universität mit einer katholischen und zugleich einer protestantischen Fakultät neben den Fakultäten für Jura, Medizin und Philosophie. Die Evangelisch-Theologische Fakultät ist gerade dabei, sich durch neue, aufstrebende Wissenschaftler einen Namen zu machen. Dazu zählen vor allem der junge neutestamentliche Wissenschaftler Ernst Lohmeyer und der Lutherforscher Rudolf Hermann. Mit beiden wird Klepper weit über seine Studienzeit hinaus Verbindung halten, mit dem Kunsthistoriker Franz Landsberger bleibt er bis zu dessen Emigration – er war jüdisch – freundschaftlich verbunden.

Doch zunächst muss Klepper sich an das streng geregelte Leben im kirchlichen Wohnheim, dem Sedlnitzkyschen Johanneum, dem „Spittel", wie es unter Studenten hieß, gewöhnen. Der Inspektor des Wohnheims, Privatdozent Rudolf Hermann, achtet darauf, dass keiner der Studenten den Tagesbeginn anders als vorgeschrieben beging. Einer der Mitbewohner des Spittels erinnert sich: „An jedem Werktagmorgen läutete eine Glocke zum Aufstehen. Nach eilig vorgenommener Morgenwäsche kamen die Konviktualen zur Andacht, Frühstück und Übersetzungsübungen (mit Texten in hebräischer und griechischer Sprache) in einem Saal – in einem seitlichen Anbau – zusammen. Unter ihnen war ein Theologiestudent mit großen Augen, schmalem Kopf, mit leidendem Gesichtsausdruck und einem sehr gepflegten Äußeren."

Klepper nimmt das Studium sehr ernst. Sein Studienbuch zeigt, dass er während der ersten drei Semester nahezu alle wichtigen theologischen Vorlesungen in den Fächern Neues Testament, Kirchen- und Dogmengeschichte, der Dogmatik und Ethik belegt hat. Darüber hinaus aber zeigt Klepper ein reges Interesse an außertheologischen Themen. Es fällt besonders auf, dass er sich für neuere Philologie in den „Praktischen Übungen in deutscher Aussprache und Vortrag" engagiert – ein Reflex seines früheren Wunsches, doch Schauspieler zu werden? Kunstgeschichte bleibt weiter sein Hobby, im Sommersemester 1923 belegt er die Vorlesung „Entstehung und Charakter der Kunst des Mittelalters". Das Sommersemester 1924 muss Klepper, wie aus den Anmerkungen der Dozenten im Studienbuch hervorgeht, Anfang Juli krankheitshalber unterbrechen. Seit Wochen plagen rasende Kopfschmerzen den gerade Einundzwanzigjährigen. Zudem leidet er unter peinigender Schlaflosigkeit. Er versucht zunächst, sich mit Kaffee- und Zigarettengenuss selbst zu therapieren, geht schließlich doch zum Arzt, der ihm Luminal verordnet, ein Schlaf- und Beruhigungsmittel, das auf Dauer abhängig machen kann. Darüber hinaus rät ihm der Arzt, das Theologiestudium aufzugeben. „Nie mehr Studium. Kein geistiger Beruf. Gärtner oder Keramiker", erinnert Klepper sich im März 1940 an den verstörenden Rat des Arztes.

Der expressionistische Lyriker

Die literarischen Versuche des Jahres 1924 spiegeln das innere Zerwühltsein wieder, in dem Klepper sich befunden haben muss. Eines der Gedichte trägt den Titel *„Prologos tragikos"* – ein *„Lied für Engel"*.

Schmerzen rauschen wie das Meer auf.
Leise, leise, heimlich verbirgt sie meine Geigen.
Schmerz zerreißt die Saiten und mich zerschlägt er,
schreit in die Welt, dass sie zerbricht.
Ach, meine blassen Hände winden sich.
Die Schreie haben sie kraftlos gemacht.

Du bist die Welt? Du bist noch? Welt,
Deine Abendsonne kost meine blutenden Hände –
Mein Schrei zerschlug nicht die Welt?
Erstickt meine Schmerzen. Aus allem Weltengrund
Drängen Qualen an, größer denn meine.
Als wären Klammern von Qual
Ums Weltall, das nie zerfällt.
Gott warf den Schmerz herab wie einen Stein
Und sagte: Dasein.

Kommt! Die Flammen rauschen auf.
Kommt! Legionen der Leidenden.
Wir singen das Lied der Erstickung.
Gott – nur weine du nicht –
schrei, Gott, nur weine nicht –
Weißt du denn, ob du je anders konntest?
Die Lichter brennen, die Cellis lehnen im Gestühl –
wie still wird diese große Tragödie.
Cellis und Harfen singen nur von Tränen Gottes.
Und alle Schreie sind verstummt.
Nur die Fragen rauschen dunkel,
dass Tränen unsere Antwort sind;
und wissen doch nicht Ja und Nein.
Wir schluchzen Reue und Mitleid und Angst,
wir und du.
Und wissen doch kein Gutes und Böses und ihr Warum.
Fang an – der samtene Vorhang rauscht empor:
„Das Spiel der Tränen Gottes."

Es ist merkwürdig, dass die Biografen Kleppers seine frühen Gedichte abwerten und entweder als „Jugendsünden" beurteilen oder sie seiner übersteigerten Wahrnehmung zurechnen, verursacht durch die Arzneimittel, die er regelmäßig nahm. Doch wenn man sie als literarische Versuche ernst nimmt, zeigen sie ein anderes Gesicht. Sicher, Klepper selbst hat die meisten seiner frühen poetischen Experimente, auch das Drama *„Der eigentliche Mensch"* im Jahr 1926 selbst vernichtet. Doch die überschäumenden Gefühlsausbrüche spiegeln auch die Stimmung wieder, in der der junge Klepper sich in den Studienjahren befand. Ein „Getriebensein" bemerkte die Frau des Neutestamentlers Ernst Lohmeyer, Melie Lohmeyer. Sie hatte ihn näher kennengelernt, weil Klepper – es ging ihm damals auch wirtschaftlich nicht gut – eine Zeitlang Mittagsgast bei den Lohmeyers war. Er hatte rasch Vertrauen zur Frau seines Professors gefasst. Sie erinnert sich gern an diese Zeit: „Wir, Jochen und ich, haben uns dann nach Tisch meist noch längere Zeit lebhaft miteinander unterhalten. Jochen war damals von einem kindlichen Zutrauen, feinsinnig, bescheiden, offen, sehr bewegt, in jeder Weise angenehm und von Ideen voll bis zum Rande. Aber, wie ich in Erinnerung habe, mehr allgemeiner als religiöser Natur. Er hatte jedoch in dieser Zeit schon eine richtige Getriebenheit in sich, zu formen und zu gestalten und scheute keine Mühe, die Ansätze dazu aufs Papier zu bringen ... Er brachte mir auch einmal vertrauensvoll einen ganzen Packen von Gedichten mit, die ich eingehend studierte, aber alle so unreif und unoriginell fand, dass ich sie in den Papierkorb versenkte."

Klepper verehrte den Dichter Rainer Maria Rilke heiß, versuchte dessen Stil zu kopieren. Der Neutestamentler Professor Dr. Gottfried Fitzer erlebte Klepper im Wintersemester 1923/24 in Breslau bei einem Fachschaftsfest im Gemeindesaal einer nahen Kirche, zu dem alle Fakultätsmitglieder eingeladen waren. „An diesem Abend trug Jochen Klepper den ‚Kornett' von Rilke vor. Er trat auf der Bühne vor den Vorhang, hielt ihn mit einer Hand geschlossen hinter sich und rezitierte auswendig. Er war wie eine Flamme!" Seine Studienkollegin Ilse Jonas erklärt sich den seltsamen Eindruck, den Klepper an diesem Abend wohl auf viele machte, mit seiner intensiven Suche nach einem persönlichen Weg. Sie sieht ihn in der Erinnerung vor sich, „die schwermütigen, großen Augen seherisch nach oben gerichtet. Er erschien uns verkrampft ... War das echte Kunst? Aber wir haben nicht darüber gesprochen. Wir wagten es wohl nicht, einfach aus dem Gespür heraus, dass Klepper auf einem Weg war, auf der Suche nach seinem Wege. Es ging um Persönlichstes."

Gelegentlich lädt Klepper Kommilitonen zu einem Vortragsabend auf sein Zimmer ein, es gibt ein paar kleine Süßigkeiten zu knabbern, die wenigen Gäste, die seiner Einladung folgen, nehmen auf dem zur Couch umgestalteten Bett Platz – und Klepper rezitiert eigene Gedichte in Rilkescher Manier. Das Verhalten Kleppers kommt den Mitstudenten sonderlich vor, jedenfalls scheinen sie ihn als angehenden Dichter nicht so ernst zu nehmen, einige nennen ihn spöttisch-liebevoll „Du ästhetisches Schmaltier".

Eventuell auch ohne Theologie

In vielen Biografien wird der Klepper dieser frühen Jahre als Sonderling dargestellt, ein Exzentriker, übersensibel, ein Mensch, der die Wirklichkeit scheut, sich in eine Traumwelt zurückzieht. Dieses Bild geht von der Annahme aus, Klepper habe sich in die enge Welt der Theologiestudenten einzufügen. Diese Welt hat er offenbar nie ganz akzeptieren können. Seine Welt war eine andere. Alle Biografen schildern zwar brav, dass Klepper sich „sehr für die Schauspielerei interessiert hat", dass er den Stummfilmstar Asta Nielsen nicht nur verehrt, sondern sogar von ihr empfangen wurde, als Asta in Breslau gastierte. Dass er – vermutlich außergewöhnlich für Theologiestudenten dieser Generation – Emile Zolas „Madame Bovary" las, und das offensichtlich mit großer Hingabe. Rita Thalmann schildert zwar, dass Klepper sich „gern mit dem aus dem Stefan-George-Kreis kommenden Theologen Ernst Lohmeyer über moderne Ästhetik" unterhalten hat. Keiner und keine aber kommt auf den Gedanken, dass Klepper die expressionistische Lyrik seiner Zeit offensichtlich wahrnimmt und als seine Berufung empfindet. Den „braven" und bodenständigen künftigen Pfarrern seiner Generation muss diese Art eines künstlerischen Ausdrucks wohl tatsächlich fremd und sonderbar vorkommen. Aber Klepper pflegt einen eigenen Umgang mit der Schauspiel- und Künstlerszene seiner Zeit. Auch wenn Breslau, gemessen an Berlin, wohin sein Bruder Erhard gezogen war, Provinz war: Klepper ersehnt sich eine künstlerische Existenz, anders als die seiner Kommilitonen. Am 1. April 1926 vertraut er seinem Bruder Erhard in Berlin an, wie gern er dahin ziehe, „eventuell auch ohne Theologie".

Wer die wenigen erhaltenen Gedichte Kleppers heute als Lyrik ernst nimmt, wird sicher das Urteil der Studienfreundin Kleppers, Ilse Jonas, teilen: „Mit Kleppers späterer Lyrik haben sie kaum etwas gemein." Nimmt man seine Gedichte aber als eigenständige Schöpfungen wahr, zeigt sich ein ganz anderes Bild. Der zweiundzwanzigjährige Klepper nimmt die künstlerischen Ausdrucksformen seiner Zeit wahr und sucht sie zu verwirklichen. Seine expressive Art der schauspielerischen Darbietung: War das nicht die moderne Theaterwelt Berlins, in der die künstlerische Emphase eines Konstantin Stanislawski Furore machte? Verehrte er nicht Asta Nielsen, deren zwar stumme, doch unglaublich ausdrucksvolle, gefühlsbeladene Rolleninterpretation wie ein stummer Aufschrei wirkte? Und schließlich, um nicht ganz im emotionalen Urteilen zu bleiben: Wies seine Art der Lyrik nicht alle Elemente auf, die den Expressionismus auszeichnen – die moderne Lyrik, die damals mit Stefan George, Georg Heym und anderen ihre Vorreiter fand. Zerfall, Angst, Weltuntergang sind die Themen dieser Gedichte, durch Schilderungen wahnsinniger Wahrnehmungen, Liebe und Rausch und vor allem einem Ich-Verlust weist der Expressionismus die Ästhetik des Bürgerlichen zurück, das Kranke, Hässliche, Wahnsinnige wird zum Gegenstand der Gedichte.

Klepper sieht sich, was seine Gedichte angeht, als expressionistischer Dichter seiner Zeit. Schon in der Obertertia hatte er doch einen Vortrag über die „Expressionisten" gehalten – jedenfalls erinnert sich ein Klassenkamerad daran. Er reiht kurze Hauptsätze aneinander, die weder logisch noch grammatikalisch miteinander verbunden sind. Der Autor selber gibt zu verstehen, dass er die Teilaspekte der Wirklichkeit nicht mehr zu einem geordneten Ganzen verbinden kann. Er steht der Wirklichkeit ratlos gegenüber. Die Sprache enthält viele Metaphern, Chiffren, Wortfetzen, oft sogar im Telegrammstil geschrieben, der Mensch wird vom handelnden Subjekt zum behandelten Objekt – weist das Gedicht „Prologos tragikos" nicht alle diese Kennzeichen auf? Auch ist es kein Zufall, dass Klepper zwei Jahre später, im Juni 1927, im „Deutschen Pfarrerblatt" einen Aufsatz über „Die Kultur des deutschen Expressionismus" veröffentlicht.

Es muss für den sensiblen Lyriker jedenfalls schwer gewesen sein, in dieser Welt tüchtiger Theologen als „ästhetisches Schmaltier" zu überleben.

Die Rückkehr ins elterliche Haus nach Beuthen nach dem Sommersemester 1924 vermag Klepper nicht die ersehnte Erholung zu bieten. Im Gegenteil, seine Sorgen wachsen. Durch die Inflation war der einstige Wohlstand der Eltern geschwunden, sie stürzen sich in Schulden, leben in finanzieller Not. Das Wintersemester 1924/25 bringt Klepper nicht ganz zu Ende, erneut braucht er eine Auszeit, arbeitet dennoch mit eiserner Selbstdisziplin. Er beginnt seine Lizentiatenarbeit, die er nicht zu Ende bringen wird. Im August dieses Jahres ist er so erschöpft, dass er mit Unterstützung der Breslauer Studentenhilfe zur Erholung nach Bad Saarow geschickt wird. Wie sehr ihn die Sorge um die Eltern umtreibt, macht die Tatsache klar, dass er sich während der Kur auf die Suche nach einem Kredit für seine Eltern macht – es handelt sich um die unvorstellbare Summe von 14 000 Mark, das sind umgerechnet rund 55 000 Euro. Im Hospizpfarrer Hermann Schlingensiepen findet er einen freundlichen, hilfsbereiten Menschen, der ihm tatsächlich zu helfen in der Lage ist. Die wegen seiner Eltern bei Schlingensiepen gemachten Schulden hat Klepper bis zum Jahr 1936 zurückgezahlt.

An den Inspektor des „Spittels", Rudolf Hermann, schreibt Klepper, er habe *sich von Tag zu Tag mehr erholt, sechs Pfund zugenommen, die Kopfschmerzen sind auch wesentlich besser geworden … Zunächst schlafe ich jeden Tag, solange ich nur kann, dann arbeite ich bis zum späten Nachmittag, gehe zwei Stunden spazieren oder fahre Rad … und gehe um zehn Uhr schon schlafen.*

Doch ganz so erholt, wie er Hermann mitteilt, kommt Klepper nicht ins Wintersemester zurück. Zwar verzeichnet sein Studienbuch Hauptvorlesungen im Alten Testament, Dogmengeschichte und – wie damals in den letzten Semestern vor dem Examen üblich, zwei praktisch-theologische Seminare, und zwar in Predigtlehre und für den unterrichtlichen Bereich (Katechetik). Allerdings kann man am Erfolg dieser Phase des Studiums lebhaft zweifeln. Einer der Mitstudenten beschreibt die einzige Probepredigt Kleppers: Sie habe „aus einer jede persönliche Überzeugung entbehrenden Zusammenstellung von Zitaten aus dem Johannes-Evangelium" bestanden. Es kann sehr wohl sein, dass Klepper die ideale Vorstellung einer Predigt nicht mit seiner expressiven Art, Persönliches mitzuteilen, vereinbaren konnte. An Sprachfähigkeit und Persönlichkeit kann es Klepper zu dieser Zeit kaum gefehlt haben. Ursache für die verunglückte Probepredigt könnte ja auch sein, dass Klepper voller Zweifel war, was seine berufliche Zukunft anging.

Klepper sieht seine starken Kopfschmerzen und seine Schlaflosigkeit, die ihn weiter plagen, als seelisch bedingt an und bringt sie mit seiner *unleugbaren Angst vor der Zukunft* in Verbindung. Offenbar ist er sich gar nicht sicher, ob Pfarrer sein tatsächliches Ziel ist. Im Brief an Rudolf Hermann klingen Zweifel an. Klepper schreibt: *Mein Trost ist halt hauptsächlich, dass man, mag man nun auch ganz woanders hin verschlagen werden, doch immer zur Kirche gehören kann; schon auf die ‚Ahnung' hin.* Ganz woanders hin verschlagen – wohin es ihn verschlagen könnte, davon macht er sich in diesen Monaten keine Vorstellung.

An Ostern 1926 teilt er Professor Hermann jedenfalls mit, es gehe ihm gesundheitlich gar nicht gut, er müsse es wohl vermeiden, *gerade den anstrengenden Sommer in Breslau zu verleben ... Ich bitte Sie sehr um Entschuldigung, wenn ich erst so spät davon eine Mitteilung mache, dass ich nun nicht mehr ins Johanneum zurückkehre.; aber ich musste doch zum mindesten eine vierwöchentliche Erholungszeit vergehen lassen, ehe ich diesen Entschluss fassen konnte, um nicht übereilt zu handeln.*

Damit deutet er das Ende des Theologiestudiums an. Das Sommersemester 1926 ist sein letztes, das Lizentiat kann er nicht verliehen bekommen, es bleibt bei einem „Abgangszeugnis" der Universität Breslau, das er am 6. November 1926 erhält. Fortan ist er ein Theologe mit abgebrochenem Studium, er bricht vollkommen mit seiner Vergangenheit. Er löst sein Zimmer im „Spittel" auf, vernichtet in einer Art Wut seine Gedichte und seine Geschichten und Entwürfe, bricht die Kontakte zu Studienfreunden ab. Seine Enttäuschung beschreibt er seinem Freund Harald Poelchau in einem Brief am 16. Juli des Jahres 1926 mit einem Bild:

Wenn jedes Leben ein Garten wäre, der einem zum Bebauen gegeben wäre, dann haben die Menschen um mich schon Felder und manche Blumengärten; ich hab meinen Garten unbebaut gelassen und absichtlich Schmutz und Steine hineingeworfen und anderen Leuten Blumen zertreten. Wenn ich jetzt erst mein Stück Gartenland absteche, einen Zaun mache u.s.w., kann ich doch niemanden hineinlassen, solange kein Gras ist und alles so schmutzig! Kein Gras und alles so schmutzig – mit diesem Bild beschreibt Klepper wohl die Wunde, die das nicht zu Ende gebrachte Studium hinterlässt. Diese Wunde wird ihn noch lange schmerzen.

DRITTES KAPITEL

Ein neuer Anfang

Ein einziges Mal wird Klepper auf der Kanzel stehen: am 30. Januar 1927 in Beuthen in der Gemeinde seines Vaters. Georg Klepper hatte einen Schlaganfall bekommen, sein Sohn vertritt ihn. Er predigt über die „Stillung des Sturms" – vermutlich ist es die Predigt, die er im Seminar ein Jahr zuvor geschrieben hatte, das Manuskript der Predigt ist nicht mehr vorhanden. Zehn Jahre später erinnert Klepper sich in seinem Tagebuch noch einmal an *meine einzige Predigt* und fügt die Bitte an: *Gott gebe mir das Pfarramt und das Pfarrhaus auch als Schriftsteller.* Bis zu dieser Bitte ist es noch ein weiter Weg. Vorerst ist der nun Vierundzwanzigjährige ohne Einkommen und ohne Stellung. Noch während des Studiums hatte er heimlich seine Stimme prüfen lassen, vielleicht könnte der Wunsch Schauspieler zu werden doch in Erfüllung gehen. Aber das Ergebnis hatte jede Hoffnung zerstört. Dazu reichte seine Stimme nicht aus.

Auf Unterstützung aus seinem Elternhaus kann er nicht rechnen, die Eltern müssen jeden Pfennig zweimal umdrehen. Klepper versucht es mit kleinen Aufsätzen und Artikeln, die er an Zeitungen schickt. Zunächst schreibt er unter dem Pseudonym „Georg Wilhelm" (seine beiden Vornamen neben Joachim), bewirbt sich nebenher bei Bibliotheken, ohne Erfolg. Aber bereits im März kann er seinem Freund Harald Poelchau eine stattliche Anzahl von Zeitungen nennen, die seine Artikel gedruckt haben. Davon leben kann er nicht, aber das entmutigt ihn nicht. Und er hat Glück. Der Evangelische Presseverband Schlesien bietet ihm eine Stelle an. Die 350 Mark, die ihm das monatlich sichert, geben ihm eine gewisse Bewegungsfreiheit. Man hört den Stolz aus den Zeilen heraus, mit denen er seinem Lehrer Rudolf Hermann am 8. April 1927 die ersten Erfolge mitteilt und gleichzeitig darauf verweisen kann, welche Freiheit er in dieser neuen Arbeit genießt: *Außer dem Verkauf der einzelnen Manuskripte kam jetzt ein Angebot vom Evangelischen Schlesischen Presseverband, bei dem ich mich gar nicht beworben hatte. Nun habe ich neben den einzelnen Honoraren noch ein festes Einkommen. An Dienststunden bin ich nicht gebunden. Zu schreiben habe ich über das Aktuellste auf dem Gebiet der Kunst und Kultur im allgemeinen. Die Auswahl der Themen ist mir überlassen. Habe ich auch eine erhebliche Mehrarbeit, bin ich doch die Geldsorgen los, die viel mehr Kraft verbrauchten.*

Theologe und Journalist

Eine Sorge aber bleibt: der Studienabschluss. Noch immer hofft Klepper, er könne neben der Arbeit im Presseverband seine Lizentiatenarbeit zu Ende schreiben und sein Theologiestudium so doch noch erfolgreich beenden. Vier Stunden Arbeit täglich für den Presseverband, zwei Stunden für die Abschlussarbeit. Selbstdisziplin ist er gewöhnt, aber die Dissertation steht unter einem ungünstigen Stern. Erst muss er den Doktorvater wechseln, der Kirchengeschichtler Erich Seeberg hat Breslau verlassen, die Verbindung zum neuen Kirchengeschichtler Ernst Kohlmeyer ist nur lose. Dann gelingt es Klepper auch nicht, seine Arbeit präzise einzugrenzen. Zwei große Männer der Kirchengeschichte will er darstellen, den Mystiker Gottfried Arnold und den Pietisten August Hermann Francke. Auf über 500 Seiten scheint die Arbeit Mitte des Jahres 1927 schon angewachsen zu sein, er muss dringend kürzen, die Arbeit thematisch neu ordnen, systematisieren, aber ihm fehlt, so teilt er seinem Doktorvater mit, noch wichtiges Material, das er einarbeiten möchte.

Vermutlich war das ein vorgeschützter Grund. Schon ein Jahr zuvor hatte er doch selbst daran gezweifelt, ob er die Arbeit jemals zu einem guten Abschluss bringen könnte. Im

34

Juni 1926 hatte er seinem Freund Poelchau diesen Zweifel mitgeteilt und davor gewarnt, diesen Zweifel als *nervöse Übertreibung* zu beurteilen. Schon zu diesem Zeitpunkt scheint das wichtigste Motiv für seine Arbeit vor allem die Familie zu sein, der zuliebe er weiter schreibt. Seinem verehrten Lehrer Rudolf Hermann wagt er nicht einzugestehen, dass er im Grunde mit dem Erfolg seiner Arbeit nicht mehr rechnet. Im Oktober 1927 schreibt er ihm, dass *seine Arbeit als Redakteur (profane journalistische Tätigkeit) zwar wachse, aber die Lizentiatenarbeit doch auch endlich zu einem Abschluss geführt werden muss.* Ihm sei klar, wie viel Geduld der neue Doktorvater mit der Arbeit habe, aber *habe ich promoviert, möchte ich dann am liebsten als freier Literat arbeiten.* Die Phantasie kennt in diesem Brief dann aber keine Grenzen: *Dem Evangelischen Presseverband hoffe ich auch in nicht allzu langer Zeit kündigen zu können.* Dieser Wunsch kann und wird sich nicht erfüllen. Zu sehr ist Klepper auf ein festes monatliches Einkommen angewiesen. Außerdem macht ihm die Arbeit im Presseverband ausgesprochen Freude, sie reizt ihn nicht zuletzt wegen ihre Vielfalt und ihrer Unabhängigkeit. Seine Kreativität wird gefordert – und geschätzt. Es dauert ein halbes Jahr, bis er sich und seinem Lehrer offen eigesteht, dass er den Abschluss nicht schafft. An Rudolf Hermann schreibt er im April 1928:

Da ich jetzt einen für das Leben wohl entscheidendsten Entschlüsse gefasst habe, fühle ich mich innerlich verpflichtet, Ihnen in dankbarstem Gedenken zu schreiben. Da meine schriftstellerische Arbeit mich vollkommen erhält und sogar wie in jedem akademischen Beruf für meine Zukunft vorsorgen lässt, ich mich außerdem, seit ich nur noch künstlerisch und ganz für mich arbeite, wohl und befriedigt fühle, habe ich nun mit der Theologie Schluss gemacht. Ich möchte nicht lange über Sentiments und Ressentiments reden. Na, was ich in der Theologie gewollt habe, bleibt mir ja nach wie vor.

Was er in der Theologie gewollt hat, bleibt ihm – dieser Satz scheint wie eine Ausflucht, da er doch gerade „mit der Theologie Schluss gemacht" hat. Doch das ist ein falscher Schluss. Das „normale" Ziel des Theologiestudiums, entweder Geistlicher zu werden oder die Universitätslaufbahn einzuschlagen, hat Klepper nicht erreicht. Vermutlich weil ihm nicht wirklich daran gelegen war. Er verspürt eine andere Berufung, und diese Berufung scheint sich nun zu erfüllen. Die Arbeit im Presseverband gibt ihm nun die Möglichkeit, einerseits frei als Schriftsteller zu arbeiten, andererseits seinen theologischen Sachverstand einzusetzen. Rückblickend kann er im Juni 1929 seinem Lehrer Rudolf Hermann gestehen: *Ich habe meinen Weggang von der Universität nie als Inkonsequenz empfunden. Ich sehe dies Religionsstudium als eine unbedingt notwendige Vorbereitung zu meinem künstlerischen Beruf. Der Moment des Abschlusses war richtig gewählt.*

Tatsächlich fühlt Klepper sich wie verwandelt. Es geht ihm gut. *Alle hässlichen Überreizungserscheinungen sind geschwunden und die Kopfschmerzen auf ein Maß zurückgegangen, wie sie schließlich fast jeder geistige Arbeiter hat ... Erklären kann man mir nur nicht, dass ich immer noch so viel abnehme.*

Das kann auch an der Menge der Arbeit liegen, die Klepper sich auflädt. Ab 1. Mai 1927 veröffentlicht er nahezu wöchentlich in der kirchlichen Zeitung „Unsere Kirche" Kurzmeditationen. Aber auch seine Neigung zu Themen der Kunst und Kultur kommt nun zum Zuge. Im „Deutschen Pfarrerblatt" erscheint schon im Juni des gleichen Jahres ein Artikel über „Die Kultur des deutschen Expressionismus". Am Ende des Jahres wird er seinem Freund Harald Poelchau stolz mitteilen können, dass seine Artikel bereits in vielen deutschen Tageszeitungen abgedruckt werden. Ein Porträt von August Hermann Francke zu dessen 200. Todestag. Daneben eine Fülle weiterer Porträts, unter anderem von Angelus Silesius, Philipp Otto Runge, Walter Flex, Wilhelm Hauff, August Strindberg und Voltaire.

Der junge Schreiber

Kleppers Leben ändert sich von Grund auf. Er kann eine kleine Wohnung mieten, findet zwei liebenswerte, fast gleichalte Kollegen im kleinen Büro am Schweidnitzer Stadtgraben, mit denen er gemeinsam an einem großen Arbeitstisch sitzt. Den

Raum teilt er mit dem gelernten Buchhändler Rudolf Mirbt, etwas über dreißig Jahre alt, und dem Theologen Kurt Ihlenfeld, zwei Jahre älter als Klepper. Die drei teilen sich die Arbeit an der Schnittstelle zwischen kirchlicher und säkularer Öffentlichkeit. Es geht darum, mit dieser Arbeit einen Prozess zu beginnen, der das Leben „des religionslosgewordenen Staates … und der Kommunen und das gesamte öffentliche Leben mit dem Geist des Evangeliums durchströmt", wie es der Vorsitzende des Evangelischen Presseverbandes, Paul Hembd, im Jahr 1925 vor der Synode in Breslau formulierte. Der Wille, sich als Christ zu bekennen, müsse dadurch geweckt werden, dass jeder „der Kirche auf Schritt und Tritt begegnet und durch regelmäßige Berichterstattung in den Zeitungen immer wieder auf die Lebensäußerungen seiner Kirche aufmerksam gemacht wird".

Diesen Auftrag sollten nun die drei erfüllen. Drei verschiedene Medien bedienen sie: Die Zeitung „Unsere Kirche", wöchentlich erscheinend mit einer Auflage von 42 000 Exemplaren, sie wird von Kurt Ihlenfeld geleitet, die „Schlesische Arbeitsgemeinschaft für evangelische Volksbildung" mit Rudolf Mirbt an der Spitze und dem Rundfunk, einem ganz neuen Medium, dem sich Jochen Klepper widmen kann. Er tut das mit Leidenschaft. Für die Schauspielerei recht seine Stimme nicht, wohl aber fürs Mikrofon. Er wird nicht nur die kirchlichen Andachten im Sender „Schlesische Funkstunde" betreuen, sondern auch eigene Besprechungen und Beiträge aufnehmen. Der Sender gewinnt an Reichweite und Bedeutung, immerhin haben bereits über 100 000 Haushalte im Sendebereich ein Rundfunkgerät, auch Klepper lässt sich eines in seiner neuen Wohnung einrichten. Die „Schlesische Funkstunde" ist ein Kultursender mit Essays, Buchbesprechungen, Hörspielen und Konzerten – ein Geschenk für Klepper. Am 12. Juni 1927 spricht er zum ersten Mal selbst am Mikrofon, ein Beitrag zum 200. Todestag von August Hermann Francke.

Die drei genießen eine große Freiheit von kirchlicher Aufsicht. Kurt Ihlenfeld erinnert sich später: „Wir haben damals auf unsere Weise dazu beigetragen, dass sich manche kirchlichen Scheuklappen lüfteten. Wir hatten gute Verbindungen zum Theater und zur Literatur, wir holten uns schlesische und außerschlesische Autoren zu Vorlesungen. Auch Beziehungen zur bildenden Kunst und zu Kulturkritikern wurden geknüpft."

Freilich unterscheiden sich da die Wahrnehmungen der Kollegen. Ihlenfeld ist begeistert über die Leichtigkeit des Lebens in Breslau: „Wir wandelten im Schatten von St. Elisabeth oder St. Maria Magdalena, wir plauderten uns an den altersdunklen Mauern der Dominsel vorüber, wir schlenderten über den Ring, wir blickten in verwunschene Höfe und verhielten auf der Brücke zum Sand. … Wir schlenderten die ‚Schweidnitzer' entlang zum Café Fahrig, wo sich so viele Breslauer Journalisten, Schauspieler, Künstler trafen, und wo wir uns bisweilen auch niederließen."

Jochen Kleppers Lebensstil ist mit dieser Sicht nicht so ganz in Einklang zu bringen. Seinem Lehrer Rudolf Hermann schreibt er an Weihnachten 1927, er habe sich in Breslau *auch Radio legen lassen, da ich fast gar nicht ausgehen kann, Musik aber so viel wie möglich haben möchte. Ich lebe in Breslau eigentlich genauso still wie vor einem Jahr in Beuthen … will möglichst inkognito leben.*

Die Bewegungsfreiheit, die ihnen der Vorgesetzte, Pfarrer Walter Schwarz, gewährt, beurteilen beide, Ihlenfeld und Klepper, unterschiedlich. Ihlenfeld lobt den Vorgesetzten, die drei hätten „ihm mit unserer so gar nicht behördenfrommen Naivität … gewiss manche Nuss zu knacken gegeben. Er hielt den Schild über uns, wenn Beschwerden kamen." Klepper dagegen bleibt skeptisch. Rund zehn Jahre später erinnert er sich in seinem Tagebuch an *meinen ersten von mir sehr abgelehnten und nicht verstandenen Chef.* Es ist möglich, dass Klepper die kirchliche Leine, an der er sich geführt glaubt, als zu kurz empfindet. Anfangs jedenfalls denkt er daran, den Presseverband nach kurzer Dauer wieder zu verlassen. Später jedoch ist davon keine Rede mehr. Er genießt die Freiheit, gute Arbeitszeiten und regelmäßiges Einkommen.

Mit seinen Kollegen verbindet Klepper auch, dass sie neben
ihrer Arbeit im Presseverband schriftstellerisch tätig sind.
Mirbt schreibt Geschichten und Theaterstücke, Ihlenfeld
gründet einen Kreis von interessierten Publizisten und Literaten, die Theologie und Literatur in Verbindung bringen wollen, den „Eckart-Kreis". Den Namen leiht er sich von der
Zeitschrift „Eckart – Blätter für evangelische Geisteskultur".
Diese 1924 wiedergegründete Zeitschrift wählt bewusst den
Namen des „getreuen Eckart", der Titelfigur des Romans von
Viktor von Scheffel. Eckart ist der „treue Wächter" und
Kämpfer, der bewahren möchte, was überliefert und der Tradition gemäß ist. Der erste Schriftführer 1924, Harald Braun,
benannte das Ziel der Zeitschrift: „Sie will Kräfte wecken, die
mitarbeiten wollen an der Wiedergeburt unserer deutschen
Volksseele". Die Zeitschrift will einerseits dem protestantischen Bürgertum die Gegenwartsliteratur nahebringen,
andererseits modernen Schriftstellern die Möglichkeit bieten,
sich darzustellen. Unter den Autoren finden sich manche pro-
minente Namen: Die Schriftsteller August Winnig und Ina
Seidel, Ernst Wiechert und Hermann Claudius, andererseits
Autoren wie Paul Tillich, Albert Schweitzer, Martin Buber
und Max Picard. Kleppers Beiträge zu dieser „Wiedergeburt
der deutschen Volksseele" sind allerdings recht einseitig – und
so gar nicht stromlinienförmig. Er arbeitet zeitweilig in dieser
Zeitschrift mit. Er porträtiert den Stummfilmstar Asta Nielsen
und den Schweizer Clown Grock, er schreibt einen Artikel
zur Ausstellung der Bildhauerin, Graphikerin und Malerin
Renée Sintenis mit dem Titel *Spiel bei den Tieren. Zum Bildwerk
von Renée Sintenis* im November 1927. Mit der „Wiedergeburt
der deutschen Volksseele" haben diese Themen auf den ersten
Blick wenig zu tun.

Andererseits lobt Klepper Autoren, die im „Eckart-Kreis"
mit Vorträgen auftreten. Unter anderen den Autor des
Romans „Volk ohne Raum", Hans Grimm. Klepper schreibt:
Selbstverständlich kann man ‚Volk ohne Raum' einen Tendenz-

roman nennen. Aber was heißt Tendenz, wo es um Tod oder Leben eines Volkes, um sein Gedeihen oder Verderben geht? Gewiss, hier und dort und zumeist gegen das Ende drängt sich das Politische oder Volkswirtschaftliche aus dem dichterischen Rahmen stark hervor, aber es will schließlich auch irgendwo gesagt sein.

Man kann dem Kritiker Klepper durchaus unterstellen, er habe den politischen Aspekt dieses Romans, mit dem später der Hitlerkrieg in Richtung Osten politisch gerechtfertigt wird, vollkommen unterschätzt, habe „unpolitisch" geurteilt. Dieser Vorwurf ist begründet. Allerdings muss man berücksichtigen, dass diese Zeilen im Jahr 1929 geschrieben worden sind, Klepper war damals sechsundzwanzig Jahre alt – kann man von einem Menschen in diesem Alter und zu diesem Zeitpunkt ein klares Urteil über die politische Entwicklung erwarten?

Über die „geistlichen Texte" Kleppers in der Kirchenzeitung und in den eher volksmissionarisch orientierten „Flugblättern" des Presseverbandes fällt die Biografin Rita Thalmann ein vernichtendes Urteil. Sie schreibt: „Klepper, der Autor des ‚Eigentlichen Menschen', der diejenigen bewundert, die ‚Paris und Lesbie' kennen, ‚Morphium nehmen und sich schminken', nicht Börries von Münchhausen, sondern ‚Hamlet' für Kunst halten, passt sich nun willig dem einfältig-konservativen Frömmigkeitsstil kirchlicher Kreise an, der in diesen Flugblättern zum Ausdruck kommt." In der Tat klingt, wie Klepper beispielsweise über die Ursachen eines schweren Unwetters schreibt, recht einfältig. *Vielleicht häufen sich deshalb in der Gegenwart Katastrophen in so unheimlicher Weise, weil so viele sich nicht mehr vom Worte Gottes Buße predigen lassen wollen. Da redet der Herr auf andere Weise mit uns! Katastrophen richten den Hochmut des Menschen, die sich dünken gegen ihn ankämpfen zu können. Katastrophen offenbaren unsere Ohnmacht, unsere völlige Abhängigkeit von Gott trotz aller Fortschritte der Wissenschaft und Technik.*

Kann man dieser Sicht tatsächlich eine „Anpassung" unterstellen, oder ist es nicht eher so, dass Klepper in der Ohnmacht des Menschen angesichts von Katastrophen tatsächlich einen entscheidenden Hinweis auf den verborgenen Gott sieht? Ist in dieser Deutung alltäglicher oder besonderer Ereignisse nicht auch angelegt, wie sich Klepper später nahezu wehrlos sich in das unvermeidliche Schicksal fügt? In eine ähnliche Richtung deutet eine Betrachtung zum Reformationsfest des Jahres 1927, in der Klepper den Satz prägt: *Gott reißt das Übel nicht von der Person, sondern die Person vom Übel –* für ihn selbst später ein maßgeblicher Leitgedanke. Die *Rettung*, die allein durch Gott geschieht, verändert nicht die Weltgeschichte, sondern gilt allein der Seele eines Menschen. Eine Frömmigkeit herrnhutischer Prägung zeichnet sich in dieser Weltsicht ab.

Große Pläne

Das Herz Kleppers aber schlägt höher, wenn er an eine Zukunft als Schriftsteller denkt. Es gibt kaum einen Brief aus dieser Zeit, in dem er nicht von seinen großen Projekten spricht: Von den Romanen, die er schon konzipiert oder bereits begonnen hat zu schreiben oder die lediglich in seinem Kopf existieren. Unverhohlener Stolz klingt aus den Worten, die er im Juni 1929 an Rudolf Hermann richtet. Er habe erst einige berufliche Resultate abwarten wollen, bevor er ihm schreibe, beginnt er den Brief, dankt Hermann dann für den „starken Einfluss", den er auf seine Entwicklung gehabt habe – als seien die Resultate seiner beruflichen Arbeit auch Hermann zu verdanken. Dann fährt er fort: *Das erste Resultat, von dem ich Ihnen berichten wollte, ist, dass ich einen Verleger für meinen Voltaire-Roman gefunden habe.* Der Speidel-Verlag in Wien interessiert sich tatsächlich für diesen Roman, der allerdings nie zustande kommen wird. Klepper schreibt ein erstes Kapitel, das dann aber in einer Zeitung als abgeschlossener Artikel unter dem Titel *„Die Geburt Voltaires" und* in weiteren großen deutschen Blättern 1929 und 1930 abgedruckt wird.

Im gleichen Brief sprudelt es nur so von Kleppers weiteren Romanideen: *Für meine weiteren Romanexposés interessiert sich* bereits ebenfalls Speidel. Es handelt sich um eine Schaubuden-Attraktions-Biographie „Frick-Frack und Elvira", die Geschichte einer klugen, hässlichen Frau „Madame Dr. D. Valeska Cohen", „Die große Directrice", wieder die Lebensgeschichte einer hässlichen, liebenden Frau, und einen Revolutionsroman „Marquise Schornsteinfeger". Die Exposés waren alle bereits beim Verleger. An Stoff für die nächsten Jahre ist also kein Mangel. Vergessen habe ich noch „Die goldene Stimme", einen Rundfunkroman. Alle diese Pläne drehen sich im Grunde um dasselbe Thema wie der „Voltaire". Es handelt sich um entstellte, liebende, erfolgreiche Menschen, deren Schicksal der Einsamkeit dazu führt, dass gerade ihr isoliertes Leben durch seinen klärenden Abstand prototypische Geltung erlangt, weil es keine private Verriegelung geben durfte.

Die letzte Bemerkung deutet auf eine Erfahrung hin, die Klepper wohl sehr nahe gegangen ist: Das Gefühl einer Isoliertheit, einer Einsamkeit, die aber aufgebrochen werden muss, weil die Menschen sonst nicht wirklich Leben wahrnehmen können. Aber diese Einsamkeit kann nur von außen aufgebrochen werden, nicht von den handelnden Personen selbst.

Klepper ist sich darüber im Klaren, dass er in diesen Romanideen einen Teil seiner eigenen Situation wiederspiegelt. Denn er fährt im Brief an Hermann fort: *Um möglichst unbeeinflusst schrieben zu können, vermeide ich alle Anregungen durch Lektüre, Theater usw. Den Kreis, mit dem ich verkehre, habe ich mir sehr vorsichtig zusammengestellt. Es sind einige wenige Menschen von Film und Bühne, die am Anfang einer großen Laufbahn zu stehen scheinen. Dann noch ein Bildhauer und ein Maler.* Klepper scheint sich in dieser Zeit nur in der Künstlerszene verstanden gefühlt zu haben, Theologen oder Pfarrer fehlen in dieser Aufzählung ganz. Allerdings schränkt Klepper seine Schilderung merkwürdig ein, als seien seine Bekanntschaften lediglich für Milieustudien geeignet: *Diese Beziehungen sind aber alle leicht ins Begriffliche geraten, als ginge es mir nicht ums Persönliche, sondern um die Entdeckung des Verhältnisses der Künste untereinander.*

Viele seiner hochfliegenden Romanideen bleiben Entwürfe. So geschieht es „Frick-Frack und Elvira", von dem großen

Revolutionsroman ist später keine Rede mehr. Der Rundfunk-roman „*Die goldene Stimme*" wird als Novelle im Oktober 1929 im „Fränkischen Kurier" abgedruckt und bleibt ein Fragment. Zwei Jahre später erscheint er illustriert in „Reclams Universum".

Einzig der Roman „*Die große Directrice*" überdauert – Klepper schreibt ihn mehrfach um, geht immer wieder auf Recherche, ändert den Titel, weckt Interesse bei einigen Verlegern, aber scheitert dennoch. Doch das geschieht unter gänzlich veränderten Lebensumständen. Wie es dazu kommt, und was sich grundlegend ändert, schildert das nächste Kapitel.

Romanautor werden – das ist die Leidenschaft, die Klepper in dieser Zeit nicht loslässt. Sie ist sein großes Thema, auch Menschen gegenüber, die er kaum kennt. So berichtet Eva-Juliane Meschke von einer zufälligen Begegnung in Breslau auf einer Verkehrsinsel. Eva-Juliane Meschke ist die spätere Frau von Pfarrer Dr. Kurt Meschke, dem Nachfolger von Kurt Ihlenfeld im Presseverband. Klepper wird dem Ehepaar Meschke lange freundschaftlich verbunden bleiben. Eva-Juliane beschreibt Klepper im Herbst 1929 als einen „schmächtigen, unscheinbaren jungen Mann in etwas faden-scheinigen, in meiner Erinnerung nicht ganz reinem dunkel-blauen Anzug … Ich sah den weichen, unbestimmten Mund, darüber die großen, dunklen Augen mit verschwimmendem, zugleich brennendem Blick. Der Mund schien immerfort erzählen zu wollen. Die Augen waren voller Gesichte. Trotz der Flüchtigkeit dieser ersten Begegnung erwähnte er sofort einige Änderungen, die er an seinem Roman ‚Die große Directrice' vornehmen wollte. Der schien alle seine Sinne auszufüllen, und stillschweigend setzte er offenbar voraus, dass ein Stoff wie dieser auch alle Umwelt – bekannte und unbekannte – in seinen Bann ziehen müsste." Offenbar ist Klepper zu diesem Zeitpunkt so erfüllt von dem Plan, mit diesem großen Roman den ersten Schritt in eine erfolgreiche Karriere als Schriftsteller zu tun, dass er jedem davon erzählen muss – ohne Rücksicht auf dessen Interessen.

VIERTES KAPITEL

Gefährten

Es muss ein kalter Apriltag gewesen sein, an dem Jochen Klepper seiner zukünftigen Frau, Johanna Stein-Gerstel, zum ersten Mal gegenübertritt. Ähnlich den Tagen um den 26. April 1937, an denen die Kirsch- und Aprikosenblüte, die zaghaft eingesetzt hat, nun scheu wieder zurückbleibt. An diesem seinem „Tauftag" trägt Klepper in sein Tagebuch ein: *Heute vor acht Jahren haben Hanni und ich uns kennengelernt.* Jedenfalls steht am Mittag dieses Tages kurz nach dem Mittagsbrot der sechsundzwanzigjährige Jochen Klepper vor der Tür des Hauses in der Berliner Eichendorffstraße 51 und möchte sich als neuer Untermieter sein Zimmer ansehen. Die neunjährige Brigitte erinnert sich, wie Mutter „etwas verstört die Wohnungstür öffnete und fröstelnd, in einen Schal gehüllt, auf den unerwarteten Gast sah". Und sie fährt fort: „Da wusste er sofort: ‚Wenn ich diese Frau nicht heirate, will ich nie im Leben eine andere!' Zu der Zeit ahnte er nicht, dass er einer Witwe, die zwei kleine Mädchen von sieben und neun Jahren hatte, gegenüberstand. Er wurde dann bald einer von der Reihe der Untermieter, die wir nur selten zu Gesicht bekamen."

Zwei Jahre später, am 26. März 1931, heiraten Jochen und Hanni standesamtlich. Eine kirchliche Hochzeit ist ausgeschlossen, Johanna Stein-Gerstel ist jüdisch. Nur die beiden Töchter Hannis, Brigitte und Renate, nehmen an der Feier teil. Die Mutter hat die beiden vorher um ihr Einverständnis gefragt, Renate hatte gleich zugestimmt, „Oh fein, dann ist ein Mann in der Familie, der Geld einbringt!" Brigitte ist zunächst dagegen, später erinnert sie sich: „Er war ein sehr gütiger und gerechter Stiefvater, den ich angenehm fand und sehr schätzte. Meine Mutter war eine herbe, strenge Frau und ich war ein schwieriges Kind, das man vielleicht schwer lieben konnte."

Den Altersunterschied zwischen Jochen und Hanni nehmen die Töchter nicht wahr – Brigitte behauptet, ihr Stiefvater habe weit älter gewirkt, während es bei ihrer Mutter umgekehrt gewesen sei: „Durch ihre Zartheit und Eleganz wirkte sie um einige Jahre jünger."

Die beiden Mädchen stören sich am Altersunterschied zwischen den beiden offenbar gar nicht. Wohl aber machen sich Freunde und Familie Gedanken darüber. Vor allem die Biografen. Johanna ist dreizehn Jahre älter als Jochen, sie war am 2. November 1890 in Nürnberg geboren, kam aus einer deutschen Modedynastie. 1911 hatte sie Dr. Felix Stein geheiratet, der in Breslau als Rechtsanwalt und Notar arbeitete. 1925 war Stein verstorben, gerade zweiundvierzig Jahre alt. Eine vermögende, gebildete Frau, attraktiv und selbständig, die zudem als freie Journalistin im Funk arbeitet – kann man sich eine bessere Partnerin für den freien Schriftsteller Jochen Klepper vorstellen als gerade diese Johanna Gerstel?

Es wird in den Freundeskreisen einiges gemutmaßt über die Gründe für die Beziehung. Der junge, noch bildsame Mann lehne sich „an die überlegene Weltschau der reifen Frau" an, es sei „kein Gegenüber auf gleicher Ebene entstanden, sondern eine sich diagonal vollziehende Hilfestellung – Halt gab ihm dann seine viel ältere Frau, die seine Mutter ersetzte, eine wohlhabende jüdische Witwe mit zwei Töchtern". Die Studienfreundin Ilse Jonas erinnert sich, es habe viel Kopfschütteln „über den Weg des immer Absonderlichen" gegeben. „Ich selbst erschrak bei der Nachricht über den Altersunterschied der beiden, und erst bei der Begegnung mit ihnen begann ich Jochens Entscheidung zu begreifen: Sichtbar waren die beiden eins im Fühlen und Denken." Sie erwähnt auch den ersten Eindruck, den der Schriftsteller Reinhold Schneider bei seinem ersten Besuch beim Ehepaar Klepper im Jahr 1933 hatte, den er in seinen Lebenserinnerungen festgehalten hat: „... die Sorge war schon eingedrungen. Frau Klepper hielt sich auf dem Balkon zurück und trat erst vor, als er mich hinausführen wollte. Da ich nie nach Lebensumständen frage, war ich nicht vorbereitet. Der weite Abstand der Jahre hatte etwas Verwirrendes. Dann kamen zwei Töchter aus ihrer ersten Ehe, die, wie sie selbst, Jüdinnen waren."

Mit Recht verwundert sich Martin Wecht über diese Beschreibung Schneiders, schließlich sei Schneider doch selbst mit der zweiundzwanzig Jahre älteren Anna Maria Baumgarten befreundet gewesen.

Die beiden jedenfalls sind sich einig, und Liebe kennt kein Alter. Hätte man je solche Überlegungen angestrengt, wenn ein Mann eine dreizehn Jahre jüngere Frau geheiratet hätte? Die neue Familie jedenfalls wächst langsam zusammen. Jochen verlangt von den beiden Mädchen nicht, ihn „Vater" zu nennen. Er drängt nicht auf den Platz des toten Vaters, bleibt eher der „gute Onkel" für sie. Brigitte fragt sich erstaunt: „Wie kann dieser knapp dreißigjährige stille, einsame Mann so gut mit Kindern umgehen?" Jochen nimmt sich Zeit für die Töchter, mit der jüngeren spielt er gern und hingebungsvoll beim Tee mit dem Puppenwagen, der älteren Brigitte nimmt er mit teilnehmendem Blick ihre schulischen Sorgen, hilft ihr im für sie langweiligen Geschichtsunterricht. In der Erinnerung sieht Brigitte nur ein Problem: „Dass er und meine Mutter später kein gemeinsames Kind hatten, war ein anhaltender physischer Schmerz für ihn, der bis an sein Lebensende, als er neununddreißig Jahre alt war, anhielt." Dann fügt sie wegen des unglücklichen Endes dieser Liebesehe hinzu: „Im Rückblick kann man nur sagen: Wie gut, dass es nicht dazu kam."

Was vielen Biografen nicht auffällt, ist die Tatsache, dass die beiden durchaus Gefährten auf gleicher Höhe gewesen sind. Ihre beruflichen Interessen lagen nahe beieinander. Vermutlich haben die beiden sich im Breslauer Funk das erste Mal getroffen. Ob sie sich schon kannten, als Klepper zur Untermiete in die Eichendorffstraße 51 einzog, ist nicht bekannt, vielleicht sind sie sich zufällig über den Weg gelaufen, ohne zunächst Notiz voneinander zu nehmen. Hanni Stein-Gerstel arbeitet zu dieser Zeit nämlich neben ihrer Mutterrolle als freie Journalistin, sie bespricht Bücher für die „Schlesische Funkstunde", sie schreibt Essays über Mode, sie liest viel. Eine Frau, die Klepper geistig gewachsen ist. Zweifellos regt sie ihn auch an, viele Artikel, die er in den Jahren zwischen 1929 und 1931 für verschiedene Zeitungen schreibt, befassen sich wie bisher mit dem Theater oder Varieté, aber die Mode wird zu einem wichtigen neuen Thema neben seiner wachsenden Zuwendung zur Konzeption und Kritik des neuen Mediums Rundfunk. Mit Sicherheit findet er in Hanni auch eine dankbare und kritikfähige Gesprächspartnerin für sein Romanprojekt „Die große Directrice".

Krisenstimmung

Als die beiden sich kennen und lieben lernen, scheint wirtschaftlich alles zum besten zu stehen. Johanna Stein-Gerstel ist zwar nicht reich, aber wohlhabend. Sie hat einige Grundstücke in Berlin geerbt, einige Anteile am großen Modehaus Gerstel in Berlin bescheren ihr eine relativ gesicherte Existenz. Auch Jochen Klepper geht es recht gut, seine Honorare aus den Zeitungsartikeln kommen regelmäßig, sie stocken das monatliche Gehalt des Evangelischen Presseverbandes ordentlich auf. In dieser Zeit muss der Gedanke aufgekommen sein, gemeinsam nach Paris zu reisen – nicht nur, aber auch wegen Kleppers Moderomanprojekt. Sicher hat Hanni Klepper dazu animiert, ihm lag das Reisen nicht sehr. Doch Anfang September geht es los, über Süddeutschland und das Elsass nach Paris, dort besuchen sie Ateliers und Modegeschäfte, Klepper versucht einige seiner ins Französische übertragene Zeitungsartikel in Paris unterzubringen, erfolglos, die politische Situation zügelt den französischen Appetit auf deutsche Journalistenkost deutlich.

Die gemeinsame Reise nach Paris ist wie der Abschied aus einer heiteren Zukunftsvision. Schon vor der Abreise hatte sich eine Krise angekündigt. Der Börsencrash im September 1929 hatte auch das Unternehmen des Modehauses Gerstel erfasst. Johanna war deswegen kurz vor der Reise schon in Berlin gewesen, noch aber war die Situation nicht existenzbedrohend.

Überrascht aber muss Klepper gewesen sein, was in seiner Abwesenheit in der Breslauer Presseszene gegen ihn losgetreten wird. Der Hauptvorwurf gegen ihn wird in der Zeitung „Freiheit" vom 11. September seine Mitgliedschaft in der SPD – in die Partei war er wohl wegen wirtschaftlicher Erwägungen eingetreten – vorgeworfen, gleichzeitig aber seine Arbeit für eine kirchliche Organisation verübelt. „Es gibt in Breslau", so heißt es in dem Artikel, „keine Funkkritik, die unabhängig ist; eine versippte und vercliquete Gesellschaft vielmehr tummelt sich auf diesem Gebiete, geradezu groteske Blüten produzierend. So passierte es neulich, dass in der ‚Volkswacht' das Sommerprogramm dauernd als katastrophal bezeichnet wurde, während gleichzeitig der Sozialdemokrat (!!) in den schwerbürgerlich ‚Neuesten Nachrichten' wochenlang seinen Funkschmus mit bombastischen Lobeshymnen auf das herrliche (!) Sommerprogramm der Sendeleitung regelmäßig zu beginnen pflegte!! Dass dieser Herr Klepper gleichzeitig den Ev. Pressedienst Schlesien leitet, ist wohl ein Beweis dafür, dass hier ein neuer Koalitions-Literatentyp im Werden ist, vor dem einem einfach nur gruselig werden kann." War es zunächst nur die von den nationalsozialistisch gesteuerten Medien angeprangerten Sozialdemokraten und die der Parteilichkeit verdächtigten Kirchen, die Klepper zur Zielscheibe hämischer Polemik machten, zieht die „Schlesische Volksstimme" ein anderes Register. Sie nennt Klepper einen „Handlanger des verjudeten Rundfunks". Klepper hatte damals eine wöchentliche Funkkritik in der „Schlesischen Tagespost" übertragen bekommen. Gerade diese Verbindung kritisiert nun die „Schlesische Volksstimme". Mit den „anerkannten Schädlingen des neutralen Rundfunks" sind zwei jüdische Kollegen Kleppers gemeint. „Eigenartig wirkt ..., dass eine sonst vornehm sachliche deutschnationale

Tageszeitung es zulässt, dass ihr Funkreferat offen Partei für zwei anerkannte Schädlinge des neutralen Rundfunks, die Herren Landsberg und Fuchs ... ergreift, bzw. ihr Treiben unmoniert lässt ... Wenn Herr Klepper, entgegen Feststellungen von sieben unabhängigen hiesigen Tages- und Wochenzeitungen, ... Fuchs einen Darsteller (!) von Wirkungssicherheit und nie versagender Wärme sowie seine Conference als qualifiziert bezeichnet, wenn er einen deutschen Sprachverstümmler wie Kerr (den damals berühmten Kritiker Alfred Kerr) lobend begrüßt und wiederum zwei mikrophongerechte und anerkannte Künstler ohne jede Begründung ‚verreißt' usw., so tauchen uns heftige Zweifel an der Qualifikation des Kritikers Klepper auf, die wir hiermit der verehrlichen ‚Tagespost' zur Kenntnis geben."

Am 29. November greift die Zeitschrift „Freiheit" Klepper erneut als Repräsentanten einer unguten Dreierkoalition zwischen sozialdemokratischer, gut-bürgerlicher und kirchlicher Meinungsbeeinflussung an: „Klepper ist eingeschriebenes Mitglied der Sozialdemokratischen Partei, Rundfunkkritiker an dem bürgerlich-volksparteilichen ‚Generaler', und gleichzeitig ist Herr Klepper – welch famoses Dreieck! – im Evangelischen Pressedienst tätig ... seine süßliche, unkritische Art ermöglicht es ihm, jederzeit, gestützt auf die Ausweise der genannten Drei-Mannigfaltigkeit, ins Sendehaus zurückzukehren, um im lähmenden Einerlei seines Tonfalls fortzufahren."

Statt zu kritisieren, rechtfertige Klepper diese jämmerliche angepasste Programmgestaltung der „Schlesischen Funkstunde", das die „Freiheit" so beschreibt: „Wir sparen uns, auf das Programm der letzten Woche einzugehen, das durch Bußtag und Totensonntag zu einem kläglichen Eldorado bitterlichen Gewimmers wurde, jenseits aller Kritik-Möglichkeit. Zwischen aufdringlichem Glockenklang, Harmonium-Gepipse und den blondbartgeschützten falschen Kehlenbratentönen reuiger Spießer wurde der Totensonntag zu einem Tummelplatz allerübelster zum Teil grotesker Phrasen, so dass man die Radio-Hörer entsetzt in die Ecke warf."

Im Spätjahr 1930 mögen diese Angriffe gegen eine sozial-demokratisch-kirchlich-jüdisch orientierte Rundfunkpolitik maßlos übertrieben und ohne Wirkung scheinen, wenig später jedoch werden sie zu politischen Schlaginstrumenten im Dienst einer völkisch-nationalen Erhebung, die Klepper aus der Rundfunklandschaft vertreibt.

Jüdisch-christliche Trennlinien

Zur gleichen Zeit bekommen Jochen und Hanni auch im privaten Umkreis eine unerwartete Gegnerschaft zu spüren. Die eigenen Familien wenden sich gegen die Verbindung. Hanni trägt in ihr Tagebuch am 8. Dezember 1930 ein: *Ich hatte die ganze Woche keine Lust zum Schreiben, weil sich eigentlich nichts Wesentliches zum Aufzeichnen bot. Nur unangenehme Brief für Jochen und für mich von unseren Familien.* Offenbar wenden sich nicht nur Hannis Stiefgeschwister und Verwandte gegen die Verbindung mit Klepper, Genaueres verrät Hanni ihrem Tagebuch nicht. Wohl aber wie die Familie Kleppers agiert. Sie ist in finanzielle Not geraten, offenbar nicht nur wegen der Wirtschaftskrise, einen Teil des Vermögens hat Vater Klepper wohl auch durch Fehlanlagen verspekuliert, jedenfalls ist Klepper selbst darüber sehr bedrückt, erst nach heftigem Drängen von Hanni weiht er sie über diese Schwierigkeiten ein. Johanna Stein-Gerstel handelt sofort. Sie macht Geld flüssig, erst eine kleine Summe von wenigen tausend Mark, dann mehr, und zum Schluss sieht sie sich genötigt, ihre Lebensversicherung zu beleihen. Jochen Klepper stellt Schuldscheine aus, lässt sich von den Eltern die Möbel verpfänden, lebt in ständiger Angst, die Eltern würden die Zinsen nicht bezahlen. Hanni beklagt in ihren Tagebucheinträgen bitter, dass die Geschwister von Jochen sich ganz aus der Verantwortung für die Eltern stehlen, darüber hinaus sogar von Jochen erwarten, dass er für die Schulden seines Bruders Erhard in Berlin aufkommt, die Scheidung seiner Schwester Hilde bezahlt und dem Sohn seiner Schwester

Margot, die mit einem Reichswehroffizier verheiratet ist, auch noch monatlich ein Taschengeld bezahlt.

Die bitterste Pille für Hanni aber ist das Echo, das ihre Hilfe auslöst. „Keines der Geschwister kümmerte sich um den Zustand zu Hause. Als Jochen die Regelung in die Hand nahm und mit meinem Geld bezahlte, war Freude und Jubel unter den Kindern. Es wurde zwar als sehr störend empfunden, dass ich Jüdin bin, aber immerhin vermögend, da kann man ja nicht so genau sein! … Hilde und Margot (die älteren Schwestern von Klepper), ebenso deren Mann Eberhard ergehen sich in antisemitischen Anwürfen gegen mich und lehnen mit Erhard jeden Beitrag zur Entschuldung Jochens ab."

Der Vater Kleppers wird sich bis zu seinem Tod nicht damit abfinden, dass sein Sohn eine „glaubenslose" Frau heiratet. Die Mutter dagegen findet sich nach dem Tod ihres Mannes langsam damit zurecht, die übrige Familie – mit Ausnahme des jüngsten Bruders von Jochen, Wilhelm, genannt „Billum" – bleibt ihrem Antisemitismus verhaftet. Und Jochen Klepper selbst?

Mit Sicherheit leidet er unter dieser verletzenden, herabsetzenden Ablehnung durch seine Familie. Aber dass Hanni jüdisch ist, er dagegen evangelischer Theologe, den eine große Nähe zu den christlichen Grundüberzeugungen bewegt, ist für ihn keine grundsätzliche Diskussion wert. Zwar vertraut er seinem Tagebuch gelegentlich an, er wäre froh, wenn Hanni sich dem Christentum annähern könnte, mitunter bedauert er, dass sie ihn nicht zum Gottesdienst begleitet. Andererseits unternimmt er wenig, was ihr das Gefühl geben könnte, sie müsse sich taufen lassen. Es mag sein, dass Hanni einen gewissen Druck in dieser Richtung verspürt hat. Andererseits ist sich Klepper sehr wohl bewusst, dass es ein Widerspruch in sich ist, wenn seine Frau sich allein wegen seiner Erwartung taufen lassen würde. Als einmal eine mögliche Taufe erwogen wird und der zuständige Pfarrer diese Taufe etwas nachlässig behandelt, geben beide diesen Gedanken zunächst ohne Bedenken auf.

Man kann sich fragen, ob es denn zwischen den beiden gelegentlich zu Diskussionen über religiöse Fragen gekommen ist. Darüber teilt er nichts mit, sie hat wohl auch keinen Grund dazu. Der jüdische Schriftsteller und Professor an der Ben Gurion Universität in Beerscheva Chaim Noll meint, Johanna Steins Interesse für religiöse Fragen sei von vornherein nicht groß gewesen. Er beschreibt sie aufgrund ihrer und Kleppers schriftlichen Zeugnisse aus der Sicht von 2003: sie stamme „wie viele deutsche Juden dieser Zeit, aus einem bis zur Selbstpreisgabe assimilierten, zunehmend glaubenslosen Milieu … Bindung an ihr Judesein entsteht erst unter dem Druck dieser Tage; im Grunde sind es Hitlers Rassegesetze, die sie in ihr Volk zurückstoßen". Vermutlich war also auch ihr religiöses Interesse nicht ausgeprägt. Das ändert sich sicher in der gemeinsamen Zeit mit Klepper. Mit Recht weist Noll darauf hin, dass Klepper das Judentum nicht als „etwas Eigenes, Souveränes, vom Christentum Unabhängiges verstanden hat, er spürt die tief eingewurzelte Tendenz mancher Christen, im Judentum nichts anderes zu sehen als Vorgeschichte, sozusagen eine archaische Form dessen, was dann in ihrem Glauben erst zur rechten Vollendung fand."

Andererseits habe Klepper, so räumt Noll ein, sein eigenes Leben als „jüdisches Schicksal" verstanden, verbindet aber damit lediglich das Gefühl, das Klepper sich selbst gegenüber gehabt habe – das eines ungerecht Behandelten, Verfolgten. Das sei wohl nichts anderes als die psychische Anlage zu einem sich schicksalhaft Zurückgesetzt-Fühlen.

Diese Erklärung greift zu kurz, sie berücksichtigt zwei wichtige Umstände nicht. Der erste Umstand betrifft den Stand der Theologie dieser Jahre. Es gibt in dieser Zeit nur sehr wenige christliche Theologen, die klar sehen, dass das Christentum ein Zweig auf einer Pflanze ist, die aus jüdischen Wurzeln gewachsen ist. Von Klepper und dessen sehr traditionell ausgerichtetem Studium an der Breslauer Universität ist es zuviel erwartet, zu den Protagonisten einer Theologie aufzusteigen, die erst lange nach 1945 in die Hörsäle und Seminare der evangelischen Fakultäten Eingang fanden. Zum anderen unterschätzt Noll die theologische Grundhaltung, die Klepper als Glaubenserfahrung beschreibt: Die Tatsache, dass Gott als der Handelnde einem ohnmächtig Ausgelieferten gegenübertritt. Das Leiden des jüdischen Volkes in der Geschichte ist für Klepper beispielhaft für die religiöse Grunderfahrung aller Glaubenden, auch und gerade der Christen. Daraus leitet er keine unbedingte Solidarität mit der Glaubenstradition des Judentums ab. Aber sein heimlicher Wunsch, Hanni möge sich doch taufen lassen, ist mit Sicherheit keine Abwertung ihrer Religion, vielmehr das Bedürfnis nach einem religiösen Interesse ihrerseits. Vielleicht hat Eva-Juliane Meschke, selbst jüdisch und mit einem evangelischen Pfarrer verheiratet, mit gutem Einfühlungsvermögen diesen Aspekt der Verbindung zwischen Hanni und Jochen im Rückblick im Jahr 1960 beschrieben:

„Zwei Jahre vor der nationalsozialistischen Machtübernahme lagen noch keine eigentlichen Schatten über der konfessionellen ‚Misch‘-ehe, außer dass man freilich mit ihr gegenüber dem politischen Getrommel auf der Straße Stellung bezog. Aber es hieße, die inneren Zusammenhänge völlig verkennen, wollte man daran vorbeisehen, dass diese Eheschließung von Anfang an schicksalsträchtig gewesen ist. Sie war für Jochen Klepper eine bewusste Entscheidung auf religösem Grunde. Er sah in seiner Frau die Angehörige des erwählten Volkes, das auch im Abfall noch ‚in die Hände seines Gottes zurückfiel‘. Die Verbindung mit Hanni Stein band ihn von Stund an selber an das Schicksal – Erhöhung und Leiden – dieses Volkes.“

Am 28. März 1931 schließen Johanna Stein-Gerstel und Joachim Georg Wilhelm Klepper auf dem Standesamt in Breslau die Ehe. Kleppers Trauzeugin ist Rosi Darge, die (jüdische) Ehefrau des befreundeten Pfarrers Martin Darge, der aus einem schlesischen Pfarrhaus stammt. Aus den Familien des Brautpaares ist niemand anwesend.

53

In den ersten Monaten der Frischverheirateten wachsen die finanziellen Sorgen. Im Herbst 1931, ein halbes Jahr nach der Hochzeit, bemerkt Hanni in einem Brief an ihre Verwandten: *Jochen, der, als wir aus Paris kamen, monatlich zwischen 750 und 1 000 Mark verdiente, merkte seit einigen Monaten einen katastrophalen Rückgang der Einnahmen. Zwei seiner festen Einnahmequellen: Der Ev. Presseverband hier und eine Rundfunkzeitung in Hamburg, sind pleite.*

Das stimmt nicht ganz, der Presseverband war nicht pleite, aber gerät tatsächlich in Zahlungsschwierigkeiten, Klepper verlässt ihn im Oktober 1930. Auch seine Artikelhonorare bleiben aus, viele Manuskripte werden von den Zeitungen zurückgeschickt, wenn überhaupt eine Antwort kommt. Hinzu kommt, dass sein Romanprojekt *„Die große Directrice"*, das ihn so ausgefüllt hat, keine Zukunft zu haben scheint. Fünf Mal hat er das Manuskript umgearbeitet, veröffentlicht im Februar 1931 eine ausführliche Darstellung des Stoffs in der Zeitschrift „Literatur von Morgen". Er handle in den Nachkriegsjahren, beschäftige sich mit der *Situation der Menschen aus modischen Berufen, die im Kriege den Schauder der Vergänglichkeit erfahren haben.* Für den Modeteil habe er *fachliche Studien … in führenden deutschen und französischen Modehäusern getrieben.*

Der entscheidende Akzent liegt seiner Schilderung zufolge aber auf religiösem Gebiet. *Durchgehend sind in meinem Buch das Endlichste und das Unendliche, das Flüchtigste und das Bleibende ineinander gespiegelt. Das auszudrücken, schreibe ich dieses religiöse Buch als einen modernen Geschäftsroman. Für die Darstellung religiöser Situationen und die Schilderung geschäftlicher Milieus ist mir oberster Maßstab: die Unterhaltsamkeit. Ihretwegen sind Heiteres und Ernstes in denselben Proportionen vorhanden. Und nicht nur der Unterhaltsamkeit wegen: Denn der Witz ist (wie das Geld und die Erotik) der Mode als Symbol der Vergänglichkeit koordiniert. So spielt der Witz in meinem Buch eine große Rolle. Er ist mir nicht nur Ausdruck der höchsten Spannung zwischen Relativem und Absolu-*

Jochen Klepper mit Renate Stein und Hanni Klepper-Stein, 1939

tem, verwandelt nicht nur die Vorzeichen aller Dinge, beschreibt nicht nur die Kraft zwischen Mensch und Gott bis zur Verspottung – er ist zugleich auch ein Ausdruck für das tiefste Einverständnis mit Gott, in dessen Welt voller Jammer und Jämmerlichkeit man lachen will. Am Ende seiner Darstellung fügt Klepper noch an: Zentrale Stellung hat endlich – und zwar nicht als theoretische Erörterung, sondern in Handlung aufgelöst – die Auseinandersetzung mit dem Judentum als einem religiösen Problem. In der Tat spielt das Jüdischsein im Roman eine wesentliche Rolle. Die Protagonistin des Romans, die Directrice, kommt aus einer jüdischen Modedynastie, die zweite Hauptperson, Valeska Cohen, ist ein hochgebildete Frau, die Studien über den Philosophen Baruch Spinoza und die Geschichte der Frömmigkeit treibt, will die Hauptabschnitte der Bibel als Geschichte großer Persönlichkeiten in moderne Verhältnisse übertragen, der Plan scheitert, „weil sie geborene Jüdin war". Dieser

Frau, die einerseits abgrundtief hässlich ist, zwar klein und zart ist,
aber durch einen Buckel und hervorstehende Zähne verunstaltet ist
und welliges rotes Haar trägt, gehört die ganze Sympathie des
Romanautors. Sie ist die „Erwählte", der Mensch, der „den Heiligen
Geist" besitzt. Zudem eine Frau, die, als sie sieht, dass sie sich den
Konventionen der Welt beugen muss, am liebsten sterben möchte – sie
sehnt sich nach dem Tod.

Veröffentlicht wird dieser Roman nicht. Der Münchner
Delphin-Verlag findet den Roman wie „kaltes Feuer, zu exakt,
Skelett, und man möchte das blühende Leben des Fleisches,
der Haut etc. etc. empfinden". Der Christian Kaiser Verlag
findet, dass das Theologische nicht so sehr ins Auge springt,
andere Verlage lehnen rundweg ab. Am meisten Hoffnung
noch macht der Ullstein-Verlag in Berlin. Dessen Leiter der
Romanabteilung, Dr. Szafranski, lobt das Exposé, das sei
„endlich wieder ein Buch, das dem Freude macht, der es
herausbringen darf". Johanna Stein erinnert sich: „Man ent-
ließ Jochen mit der Bitte, alle anderen Arbeiten beiseite zu
stellen und möglichst schnell dieses Buch zu beenden. Nachdem bereits einige Kapitel in Szafranskis Händen waren, kam
ein Brief mit dem Wunsch nach mehr, um eventuell die Möglichkeit zu haben, durch Vorschüsse die Arbeit sicher zu stellen … Um das Buch möglichst schnell zu Ende zu bringen,
nahm Jochen sich einen ‚Sekretär' … Als Dr. Szafranski 4/5
des Romans in Berlin hatte, hörte man nichts mehr von ihm.
Nicht einmal eine kurze Eingangsbestätigung. Jochen frug
nun nach dem Stand der Dinge und wenige Tage darauf, welche Angst und Hoffnungen durchlebten wir, kam das dicke
Einschreibepaket von Ullstein, das keinen Zweifel über den
Inhalt und den Stand der Dinge aufkommen ließ. ‚Nicht
geeignet für den Durchschnittsleser, viel zu klug, teilweise zu
trocken und spröde."

Auch ein letzter Versuch beim Knaur-Verlag scheitert. Dort
lehnt man das Manuskript in der vorliegenden Form ab, es
seien Änderungen und Streichungen nötig, aber auch „das
reichlich enthaltene jüdische Element" sei „für eine Abdrucks-
möglichkeit nicht sehr günstig."

Es muss eine bittere Niederlage für Klepper gewesen sein, dass dieser Roman, an den er soviel Herzblut vergossen hat, nun irgendwo verstauben wird. Zwar gibt er die Hoffnung nicht ganz auf, glaubt, dass er in zehn oder fünfzehn Jahren das Buch noch einmal neu schreiben werde. Freilich müsse er erst mit einem anderen Buch Erfolg haben. Das hindert ihn nicht, den ganzen Roman noch einmal umzubauen, aus Valeska Cohen eine deutsche Theologin zu machen und die Vorfahren der Modedynastie Elkes in eine deutsche Bauernfamilie zu verwandeln. *Und gedacht*, schreibt er an Hanni, *wird in der neuen Fassung überhaupt nicht mehr.* Das sei für ihn nun die einzig heilsame Lehre: Man dürfe in einem Roman kein System errichten, nicht reflektieren. Sicher eine gute Einsicht, der „großen Directrice" hat es nicht mehr geholfen. Klepper entschließt sich, das für ihn als Journalist und Schriftsteller nicht mehr aussichtsreiche Breslau zu verlassen und nach Berlin zu ziehen.

FÜNFTES KAPITEL

Das Leben in Berlin

Im Oktober 1931 bezieht Jochen Klepper in Berlin in der Hebbelstraße ein möbliertes Zimmer. Er ist nun wieder auf Arbeitssuche. An Freunde schreibt er: *Ich bin unterwegs, unterwegs bei Funk, Verlagen Redaktionen, Anwälten – und schließlich muss ich doch mal die ersehnten journalistischen Aufträge ausführen. Jetzt bin ich wieder ganz Journalist.* Das Klinkenputzen erträgt er mit einer gehörigen Portion Ironie. Hanni gegenüber lästert er, es gebe zwei Sorten von Redakteuren, die *Hetzer* und die *Quatscher: Gestern bei Westermanns begegnete mir wieder mal der zweite Typ von Redakteuren. Nach den ,Hetzern' die ,Quatscher', die jeden Anlass benutzen, um ihre Doktrinen vom Stapel zu lassen. Man selbst kommt in keinem Fall zu Worte. Der Hetzer will ,Schlagkunst und Popularität auf 60 Zeilen', der Quatscher Schau und Erdgebundenheit in einem vom Geistigen und Blutmäßigen her bestimmten und den Traditionen der Zeitschrift entsprechenden Format. Ich wundere mich, dass ich mir den Kopf noch nicht abgeschüttelt habe.*

Die Lage ist nicht rosig, viele warten auf Beschäftigung, auch Journalisten. Und wer weiß, wie gut und zuverlässig sie sind. Diese Vorsicht bekommt Klepper zu spüren, er weiß, dass er sich gegen die große Konkurrenz durchsetzen muss – ein Verhalten, das ihm nicht leicht fällt.

Ich habe es vor Berlin wirklich nicht gewusst, gesteht er Hanni in einem Brief, *dass ich auf den Erfolg aus bin wie die Dohle auf was Glänzendes. Es widerspricht vielen Eigenschaften und Überzeugungen von mir, aber man muss es sich endlich einmal eingestehen, sonst wird man auch so ein ekelhafter Heiligtuer wie das ganze Pack.* Mit dem „Pack" meint er die Stars, die Erfolgreichen in dieser Berliner Szene, die so tun, als würde ihnen der Erfolg nur versehentlich zuteil. Wie zum Trotz kleidet er sich besonders modisch, sein ehemaliger Arbeitskollege in Breslau, Kurt Ihlenfeld, erinnert sich später: „Klepper, damals eben von Schlesien nach Berlin gekommen, hatte tatsächlich etwas dandyhaftes in seinem Äußeren, seinen Bewegungen, selbst in seiner Art zu sprechen. Er hat es dann bald abgelegt, doch ist es in der Freude am kostbaren Lebensdetail wohl auch später noch wirksam gewesen."

Ganz ohne Erfolg bleibt Klepper in den ersten Monaten nicht. Er kann einige Artikel veröffentlichen, über seine Heimatstadt Beuthen, auch seine Erfahrung als Rundfunkkritiker zahlt sich aus, er bespricht Hörspiele und Dramen, bei den „Funkstunden" in Breslau und Leipzig kann er einige Hörfolgen über Kunst und Künstler unterbringen. Doch er muss jeden Pfennig umdrehen, an Hanni rechnet er gelegentlich aus, was er an Straßenbahnfahrten und Telefonkosten ausgeben muss, um wenigstens die Kontakte zu pflegen und für seine Angebote zu werben. Die Miete für die Wohnung in Breslau muss bezahlt werden, wo Hanni und die beiden Töchter darauf warten, nach Berlin ziehen zu können. Hannis Vermögen ist bis auf ein Drittel verloren, zum Teil durch Betrügereien bei der Abwicklung der Insolvenz des Berliner Modehauses, zum Teil durch die Folgen des Börsenkrachs vom September 1929. Allen Widrigkeiten zum Trotz gelingt es ihm, eine Wohnung im Berliner Stadtteil Südende, einem Villenvorort, zu finden. Am 29. März 1932 kommt Hanni in Berlin an, eine Woche später die beiden Töchter.

Das Tagebuch, das Klepper bis zu seinem Tode führen wird und das über viele Details seines Lebens Auskunft gibt, beginnt er zu diesem Zeitpunkt. Am Anfang schildert er die *herrlich renovierten Zimmer*, die die kleine Familie von nun an bewohnt. *Ich empfand es als ein großes Glück, dass ich nun doch kennenlernte, wie schön es ist, gemeinsam seinen Haushalt zu begründen.* Ein paar gute Möbel waren aus Breslau mitgekommen, die beiden suchten, was noch fehlte, in Antiquitätengeschäften und auf Auktionen zu bekommen, *auf denen wunderschöne alte Sachen verschleudert wurden.*

Man spürt die Begeisterung, mit der Klepper bei der Sache ist, als er sich an diese ersten Wochen in der neuen Wohnung erinnert, aber hört auch deutlich den Ästheten heraus: *Tag für Tag füllte sich die Wohnung: ein elfenbeinfarben gehaltenes großes Zimmer wurde mit Barockmöbeln (nussbraun mit lavendelblauem Samt) mein Arbeitszimmer, kombiniert mit einem Empfangsraum; das anschließende noch größere resedafarbene Biedermeierzimmer bestimmten wir zur Bibliothek, um den Biedermeiercharakter möglichst zurücktreten zu lassen; an das große Fenster der Bibliothek kam ein runder Essplatz; das altrosa Schlafzimmer war in friesischer Renaissance gehalten, feierlich durch goldene Holzheiligenfiguren und weißen und roten Samt; die beiden Kinderzimmer, Brigittes und Renates Schlafräume in Gelb und Blau, blieben modern, in das blaue Spielzimmer kamen meine Beuthener Biedermeiermöbel. Aus allen Zimmern ging der Blick ins Freie: auf einen wilden, abgeschlossenen Park, eine Blumengärtnerei vor dem Schlafzimmer.*

Das hört sich nach Luxus an, zumal wenn man bedenkt, dass Klepper zu dieser Zeit als Journalist nicht sehr gefragt war. Die Geldsorgen bleiben nicht vor der Tür, freilich muss die Familie nicht hungern. Hanni erwirbt im Sommer ein Haus, um den Rest ihres Vermögens zu retten. Sicher ein kluger Schritt, aber hart erkauft: *Alle unsere Freuden mussten billig werden, denn die Geldsorgen wuchsen von neuem.*

So verbringt die Familie die Sommerferien in Jochens Elternhaus in Beuthen. Für die beiden Kinder scheint der Aufenthalt richtig schön gewesen zu sein, für Hanni mindestens interessant – sie lernt die Eltern von Jochen zum ersten Mal genauer kennen, auch wenn die Beziehung belastet ist. Jochen spürt die Fremdheit, die ihm aus der ehemals so vertrauten Umgebung entgegenweht, nicht nur wegen der so veränderten Stadt. *Viel schwerer war es, dass es sich mit meinen Eltern auch so verhielt. Bei Mutter empfand ich es am schmerzlichsten. Kein Versuch, nichts merken zu lassen, vermochte es zu ändern. Vaters Leben: nur noch die Krankheit.*

Klepper selbst hilft sich mit einem letzten Umschreiben des Romans „*Die große Directrice*", der nun „*Das Glück der Vergänglichkeit*" heißen soll. Fünf Wochen ist er damit beschäftigt, vollendet die Neufassung tatsächlich, dann fährt die Familie wieder zurück nach Berlin.

Das Tagebuch

Es gibt viele Motive, ein Tagebuch zu führen. Manche tun es im Gefühl, sie müssten genau beobachten, was vor sich geht, um entscheidende Momente nicht zu verpassen. Andere vielleicht aus Eitelkeit oder Wichtigtuerei, weil sie das Gefühl haben, sie seien so wichtig, dass (später natürlich) alle erfahren, was man so gedacht, gefühlt oder erlebt hat. Meist steckt dahinter aber ein ernster Grund. Man schreibt aus dem Gefühl heraus, einem imaginären Gesprächspartner gegenüber aussprechen zu können, was einen bewegt. Denn oft ist es doch so, dass wir einen Vorgang, ein Gefühl, eine Begegnung erst dann wirklich verstehen, wenn wir sie in Worte fassen. Dieser leichte Zwang auszusprechen, was wir fühlen, kann eine heilsame Wirkung entfalten.

Klepper selbst hat sich immer wieder Rechenschaft darüber abgelegt, warum er – an manchen Tagen mit peinlicher Sorgfalt – festhält, was vorgegangen ist. Eine Art Stoffsammlung für Memoiren sind die Tagebuchnotizen jedenfalls nicht für ihn. Am 23. Juni schreibt er:

Ich schäme mich, ‚Memoiren‘ zu schreiben, diese verlogensten und eitelsten aller Machwerke. Vielleicht ist der Tag nahe, an dem ich alle diese Blätter vernichte oder an dem ich keine Zeile mehr hinzufüge.

In dem Moment, da er das schreibt, scheinen ihm selbst Zweifel gekommen zu sein, ob ein Tagebuch nicht auch eine literarische Qualität haben kann. Er fährt fort: *Vielleicht ist aber gerade diese Folge von Aufzeichnungen mein einziges Buch, obwohl ich es hasse, im Zwiespalt mit mir schreibe, weil ich mich danach sehne, nur in der Filterung des ‚unpersönlichen‘, unprivaten Buches zu sprechen. Zu wem? Es ist mir gleich.*

Drei Wochen später gesteht er, ihn fasziniere das Selbstgespräch: *Tagebuch führe ich, weil ich fasziniert bin von der Handlung, die ein anderer „mit meinem Blute" schreibt.*

Gleichzeitig wehrt er den Gedanken ab, er wolle Stoff für die Nachwelt liefern, schränkt aber rasch ein: *Dass ich mit künftigen Biografen kokettiere, glaube ich nicht. Die werden mein Tagebuch nicht bekommen, so groß wird mein Ruhm nach menschlichem Ermessen nicht werden."* Vermutet man zuviel, wenn man in dieser Selbstbescheidung auch die Hoffnung heraushört, es möge doch anders werden?

Allerdings täuscht man sich, wenn man meint, es gebe ein erkennbar eindeutiges Motiv, das Klepper zum Tagebuchschreiber werden lässt. Immer wieder finden sich widersprüchliche Aussagen. Im November 1933 gesteht er sich ein, dass er manchen Kummer im Tagebuch austobt, ein halbes Jahr später „hasst" er das Tagebuch, hält es *auch „psychotherapeutisch"* *nicht mehr für sehr nützlich. Nur was einem der Dank für das Gute der Tage diktiert, mag geschrieben sein.* Eine Meinung, die er wenige Monate später wieder halbwegs revidiert, allerdings unter einem tragischen Aspekt: *Das Tagebuch als Auto-Psychotherapie ist duldbar, sobald feststeht, dass es sofort nach dem Tode vernichtet zu werden hat.*

Martin Wecht hat herausgefunden, dass Klepper die Vernichtung seiner Tagebücher am Abend vor seinem Tod nicht veranlasst hat. Er hat sie mit einigen Manuskripten seinem Freund und Nachbarn Hans Karbe übergeben mit der Bitte, sie zu verstecken. Diese Tatsache verpflichte jeden zu einem sorgsamen Umgang mit den Aufzeichnungen, meint Wecht: „Von einem Freund dürfte man wohl erwarten, dass er sorgsam, verantwortungsvoll und anteilnehmend mit diesem Lebenswerk umgeht." Verantwortungsvoll heißt für Wecht, sorgsam zwischen spontanen Äußerungen und immer wieder thematisierten Ausführungen und Gedanken zu unterscheiden. Das gilt in gleichem Maße für die Frage, welche Motive Klepper zum Schreiben der Tagebücher veranlasst haben."

Vielleicht ist es tatsächlich eine Art Rechenschaft über das eigene Leben, das zunächst ja immer nur ein Mosaik aus Ereignissen und Empfindungen ist, deren Sinn erst im Nachhinein begriffen werden kann und auch dann nicht unwandelbar feststeht, sondern sich wandeln, erneuern oder bestätigen wird, weil Leben sich ändern bedeutet. Diese Art schriftlicher Rechenschaft über sich selbst hat Klepper schon als Kind geübt. Im Haus seiner Eltern gab es ein „Erkenne dich selbst"-Album, in das schon der Achtjährige Neigungen und Abneigungen einträgt. Seine Berufswünsche sind darin festgehalten, von „Pastor" und „Soldat" bis zum „Journalisten" und „Privatdozenten für Theologie" – da ist er siebzehn Jahre alt. Er trägt seine Lieblingsschriftsteller ein (Goethe, Schiller, Kleist, Hölderlin, Ibsen, Rilke) und die Zeit, in der er am liebsten leben würde – oft zur Zeit der Jünger Jesu oder in der italienischen Renaissance. Mit siebzehn hält er in diesem Album auch fest, was für ihn das höchste Glück wäre: vollkommen sein, allen Menschen gefallen, Künstler werden, nicht leiden.

Das frühe schriftliche Festhalten eigener Vorstellungen und Phantasien hat sicher später das Tagebuchschreiben befördert. Fortgesetzt hat Klepper als Student dann diese Art schriftlicher Rechenschaft, indem er oft Gespräche, Erlebnisse und Begegnungen des Tages festhielt, als eine Art Materialsammlung für spätere Romane. Der Frau des Breslauer Professors für Neues Testament, Melie Lohmeyer, habe er erzählt, so erinnert sie sich später, „er schriebe alle Gespräche des Tages am Abend ganz genau auf, einerlei mit wem er sie geführt habe, ob in einem Laden, ob mit einem Straßenbahnschaffner oder über einen Zaun … Und am Schluss des Jahres zöge er alle Fäden, die diese Gespräche verbänden, zusammen und dann gäbe es ganz von selbst Geschichten." Diese Gewohnheiten haben sicher auch zum Tagebuchschreiben geführt.

Verfestigt aber hat sich eine besondere Tendenz: Dass er ab 1933 beginnt, die Tage mit einem Bibelwort zu überschreiben, nicht immer regelmäßig und mit dem (alttestamentlichen) Wort der „Herrnhuter Losungen", gelegentlich auch mit einem selbstgewählten Bibeltext. Das Motiv scheint ein Tagebucheintrag vom 1. Januar des Jahres 1933 anzudeuten, in dem Klepper schreibt:

Mein Leben ist ein einziger religiöser Prozess. Aber noch nie war es so wie jetzt. Als sei ein vorbereitendes Stadium abgeschlossen. Als

beginne die Hauptzeit meines Lebens. Und es ist nicht ohne Ein-
druckskraft für mich, dass dieses Jahr für mich den 30. Geburtstag
bringt, den ich seit Jahren schon als etwas so Geheimnisvolles im
Leben des Mannes empfand. Ich wage nicht anzuerkennen, was in
mir vorgeht – das Leben vom Begreifen eines Bibelwortes bis zum
Begreifen des anderen. Begreifen des anderen – das scheint sich
nicht auf ein anderes Bibelwort zu beziehen, sondern auf die
religiöse Wirklichkeit des Lebens, das „andere", was man
heute den „Subtext" des Lebens nennen würde – ein Mit-
schwingen einer anderen, gedachten und geglaubten Wirklichkeit.

Es scheint, als habe Klepper ausdrücken wollen, was er
später als „Führung" durch Gott bezeichnet hat. Man kann
ein biblisches Wort auch deshalb nicht sofort verstehen, weil
es sich erst durch die Ereignisse eines Tages auslegt. Darauf
deutet eine Notiz hin, in der er am 15. März 1936 festhält:
Das Tagebuch wird mit mir verschwinden. Was auch gegen solche
Aufzeichnungen als „Autopsychotherapie" spricht – sie haben oft
geholfen und gemahnt, keine Anrede Gottes, keine Station seiner
Führung nach allen ihren Umständen zu vergessen. Am Ende wird
man die Verknüpfung erfahren. Man kann das so verstehen, als
könne ein Tag oder ein Zeitraum das Wort Gottes auslegen,
das der Bibel entnommen ist.

Heimatlos

Die Rückkehr aus den unbeschwerten Ferienwochen in das
Arbeitsleben in Berlin konfrontiert Klepper mit der harten
Wirklichkeit. Nur zwei Artikel kann er verkaufen, die große
Romanänderung ist erfolglos, wieder kommt das Manuskript
zurück. Die politischen Umstände in der Hauptstadt spielen
zum ersten Mal eine Rolle bei den beruflichen Aussichten
Kleppers.

Seit dem 20. Juli 1932 war über Berlin der militärische
Ausnahmezustand verhängt. Die Minderheitenregierung (gegen die Opposition der NSDAP und der Kommunistischen

Partei, die zusammen eine rechnerische Mehrheit im preußischen Landtag bildeten) aus Sozialdemokraten und Deutschnationalen war lediglich geschäftsführend im Amt geblieben. Der damalige Reichskanzler Franz von Papen hatte sich vom Reichspräsidenten Paul von Hindenburg eine Notverordnung unterzeichnen lassen, die ihn zum Reichskommissar von Preußen bevollmächtigte, die preußische Regierung des Amtes zu entheben. Von Papen veranlasste die Reichswehr und die Polizei Berlins, die Minister aus ihren Amtsräumen zu vertreiben und verhängte den militärischen Ausnahmezustand. Es gab deshalb keinen Widerstand, weil die SPD schon am 16. Juli beschlossen hatte, sich nicht mit den zur Verfügung stehenden polizeilichen Mitteln zu wehren (immerhin standen damals rund 90 000 Polizisten unter der Leitung des SPD-Innenministers Carl Severing), weil sie einen Bürgerkrieg befürchtete. An die Stelle der Landesregierung war nun eine nationalkonservative Kommissariatsregierung getreten, der durch von Papen veranlasste Staatsstreich in Preußen (der sogenannte Preußenschlag) vertrieb mit einem Mal alle sozialdemokratischen Vertreter aus der Regierung.

Das hatte Folgen auch für die Presse. Der „Vorwärts", eine von der SPD gestützte Zeitung, verlor an wirtschaftlicher Kraft. Das bekam Klepper besonders zu spüren. Er, eigentlich SPD-Mitglied, hatte seit Mai 1928 zahlreiche Beiträge im „Vorwärts" untergebracht. Nun trocknet diese Quelle seiner Einkünfte aus. Ärgerlich notiert er in seinem Tagebuch: *Begreift die SPD-Presse nicht, welches Opfer es heut bedeutet, zu ihr zu gehören?* Er spricht mit dem Redakteur des „Vorwärts", der lobt Kleppers Arbeit mit großen Worten, wimmelt den Bittsteller aber ab. Klepper notiert: *Nun verstehe ich die Haltung des ‚Vorwärts' mir gegenüber gar nicht, seine finanzielle Illoyalität. Die Partei hat keine jungen Schriftsteller. Deshalb ist mein Fall keine solche Dutzendangelegenheit. Nichts wäre mir lieber gewesen, als gerade jetzt nach dem Rechtsumschwung zu den Leuten stehen zu können, denen politisch ein schweres Unrecht geschehen ist, deren politische Fehler sich zu hart rächen. Und gerad in diesem Moment wird ich vom „Vorwärts" … so brüskiert.*

Die Brüskierung ist in der Tat hart. Das „Berliner Tagblatt", der „Vorwärts" und andere sozialistischen Zeitungen, für die Klepper in der Vergangenheit gearbeitet hatte, in Breslau, Mannheim, Leipzig und Dresden hatte Klepper gebeten, ihm gemeinsam ein Existenzminimum zu garantieren. Die auswärtigen Zeitungen hatten gar nicht geantwortet, Der „Vorwärts" hatte mitgeteilt, man stehe vor notwendigen weiteren finanziellen Einschränkungen. Enttäuscht verlässt Klepper die SPD, am 20. Oktober teilt er der Leitung des Steglitzer Bezirks seinen Austritt brieflich mit. In der gleichen Zeit kappt er alle Verbindungen zu den „linken" Pressevereinigungen, er löst sich vom Schutzverband deutscher Schriftsteller und verlässt den Reichsverband der deutschen Presse. Doch es sind nicht allein finanzielle Aspekte, die ihn zu dieser Trennung treiben. Seinem Tagebuch vertraut er an: *Ich werde niemals ein proletarischer Schriftsteller sein; das Religiöse wird mir bei der SPD immer im Wege stehen.*

Warum nicht zur Kirche?

Aber gibt es nicht neue Möglichkeiten bei der Kirche, dort hat Klepper doch schon einmal eine Anstellung gefunden? Doch davon hält ihn ein innerer Widerstand ab. Im gleichen Atemzug erteilt er auch dieser Aussicht eine Absage: *Ich werde niemals diesen neuen nationalen Aufstieg des Protestantismus mitmachen können, ich werde seinen ‚Ton' nicht finden können und wollen und für diese Leute immer der allenfalls geduldete, harmlose Sozialdemokrat sein. Diese Kirche ist mein Todfeind. Aber ich kann nicht aus ihr austreten. Es hält mich etwas, das bis auf den ersten Jüngerkreis zurückreicht.*

Wie Klepper dazu kommt, zu diesem Zeitpunkt die Kirche als „Todfeind" zu sehen, ist nicht ganz zu klären. Im gleichen Zusammenhang, als er über seine beruflichen Aussichten spricht, hält der die „depravierte Kirche" für den „Romanstoff der kommenden Zeit". Gleichzeitig ist ihm bewusst, dass er nicht „reformatorisch" schreiben kann, was

wohl bedeutet, dass er die Kirche als dringend reformierungs-
bedürftig empfindet, sich aber als Schriftsteller nicht in diese
Richtung berufen fühlt. Der Grund, den er dafür angibt: *Ich
kann von der Überzeugung nicht los, dass Gott seine Sache ganz
allein führt und nur widerstrebend Instrumente gebraucht.*

Wenn nicht für eine erneuerte Kirche schreiben, wofür
dann? Wenige Abschnitte später, also noch vor dem 21. September 1932, scheint für ihn der künftige Weg klar: *Die Entscheidung, auf welche Seite der Schreibenden ich mich schlagen will, ist
ja längst durch die natürlich entwickelte Richtung des Talentes gefallen. Dichtung als Bibelexegese; Bibelverkündigung wider Willen,
da jede bewusste Steigerung des Künstlerischen ins Religiöse von mir
abgelehnt wird.* Offenbar ist Klepper überzeugt, dass jede echte
Dichtung religiös wirkt, das zu erreichen ist das eigentliche
Ziel seiner Schriftstellerei. Von dem (nie vollendeten, aber
damals bearbeiteten) Roman „Hoffungslosigkeit" schreibt
Klepper, er hoffe, *dass das Religiöse noch ungleich mehr hinter dem
Buche stehen wird als in ihm.* Kirche und *das Religiöse* sind für
Klepper in dieser Zeit nicht in Deckung zu bringen, anderer-
seits ist ihm noch nicht klar, wie er diesen Konflikt lösen
kann.

Mitten in dieses Gefühl geistiger Heimatlosigkeit treffen
zwei Ereignisse, die in eine bessere Zukunft weisen. Er hat
eine Idee, eine größere Novelle zu schreiben, sie soll von
Menschen aus seiner Heimat an der Oder handeln, der
„Kahn der fröhlichen Leute". Der Ullstein-Verlag macht ihm
Hoffnung, das Schreiben fällt ihm leicht, er verwendet Notizen und Zeitungsausschnitte, die er für einen anderen
Roman bereits gesammelt oder einfach nur aufgehoben und
sortiert hatte. Auf einmal steckt er wieder mitten in einem
Roman, ist glücklich, das Schreiben fällt ihm leicht, er wun-
dert sich selbst darüber, ist überrascht, weil er den Roman gar
nicht langfristig geplant hat, weil er von einfachen Leuten
handelt, von denen er nie vorher zu schreiben gewagt hätte,
findet *einen heiteren und unpsychologischen* Ton und empfindet
nicht einmal den Druck, von vornherein eine Veröffentlichung als aussichtslos zu fürchten. Am 3. November ist der

Roman fertig, am 13. November ist er überarbeitet und geht an den Ullstein-Verlag, rasch folgt die enttäuschende Antwort: „Leider kann auch Ihr neues Manuskript uns nicht zusammenführen", schreibt ihm der Verlag, eine Handlung im eigentlichen Sinne habe der Roman nicht, sei zu sehr eine Betrachtung, der Aufbau unbeholfen, die Folge der Dinge stockte oft, das alles führe zu einer gewissen Monotonie, die aus der Liebe zu den Dingen entspringe, die Leser aber außer acht lasse. Klepper gibt die Hoffnung nicht auf, und sie erfüllt sich tatsächlich nur drei Monate nach dieser Absage. Die Deutsche Verlagsanstalt nimmt den Roman ins Programm.

Wahrscheinlich hat das zweite Ereignis die Wolken, die sich über dem *„Kahn der fröhlichen Leute"* zusammenziehen wollten, ein wenig aufgehellt. Am 5. Oktober wird er in den Rundfunk bestellt. Dr. Harald Braun, den Klepper aus seiner Breslauer Zeit kannte, bietet ihm eine Stelle als Assistent bei der „Berliner Funkstunde" an. Alle fünf oder sechs Wochen soll es eine Vortragswoche mit einem etwas geschlossenerem Thema geben, zum ersten Mal in der Woche vom 11. bis 17. Dezember, Thema etwa: „Feste feiern und Geselligkeit", nicht als Betrieb und Aufwand verstanden, sondern, wie Braun schreibt: „als innere Lebensenergie trotz aller Bedrängtheit". Klepper soll zunächst einmal eine Reihe von etwa 20 Themen vorschlagen, „in dem die verschiedenen Lebensbeziehungen Jugend, Familie und Beruf und dergleichen, die praktische und die grundsätzliche Seite mitvertreten wären". Der Vertrag kommt tatsächlich zustande, am 1. November 1932 wird Klepper „dramaturgischer Berater und künstlerischer Mitarbeiter der Vortragsabteilung der Berliner Funkstunde". Das Honorar ist recht mäßig, es kommt Klepper zugute, dass er die SPD verlassen und nun nicht mehr für „linke" Blätter schreibt, denn der Rundfunk ist deutlich nationalistisch gefärbt. Aber immerhin verschafft diese Anstellung Klepper eine gewisse finanzielle Sicherheit – 500 Mark im Monat bekommt er. Die Arbeit füllt ihn aus und wird doch bald zur Belastung. Vier Monate nach seiner Anstellung klagt er: *Im Funk bin ich völlig überlastet und überhaupt ziemlich zu Schanden gearbeitet. Unsere Autoren, auch die Namhaften, versagen völlig, und ich muss alle Manuskripte in größter Hetze neu schreiben, meist mir auch noch das Material beschaffen.* Und am 11. April klagt er dem Tagebuch: *Proben für „Stunden, die Geschichte machten". Mit prominenter Besetzung, Chor und Orchester. Wahnsinnig anstrengend, da ich das Ganze mit nur drei Proben schaffen muss. Daneben laufen schon wieder die diffizilen Verhandlungen mit dem nächsten Geschichtshörbild. Autor Reinhold Schneider. Und eine Bach-Hörfolge für Karfreitag. Lieber Himmel, ist es so schwer geworden, im Monat 500 Mark zu verdienen, dass alle Zeit, alle Nerven, alles Talent auf die Funkarbeit konzentriert werden müssen? Wann kommt eine Entlastung? Wann kommt eine eigene Arbeit? Gibt es nur noch die Wahl zwischen Überlastung mit „Nebenarbeit" und furchtbaren Geldsorgen? Warum darf einen die eigene, natürliche Arbeit nicht bescheiden ernähren? Ach, nur das wieder erreichen, dass ich an den Abenden, zum Wochenende wieder für mich arbeiten kann!*

Die Überlastung sollte bald enden, allerdings anders, als Klepper sich das gewünscht hatte – schon bald nach dem 30. Januar 1933, dem Tag, als Hitler zum Reichskanzler ernannt wurde.

Denunziert

Einen Tag nach der sogenannten Machtübernahme, am 31. Januar 1933, ist Jochen Klepper schon klar, dass seine berufliche Zukunft durch die politischen Umstände gefährdet ist. *Im Funk müssen wir fast alle mit unserer Entlassung rechnen, obwohl es schon der reaktionärste Rundfunk war.*

Gerade der Rundfunk war schon im Jahr 1932 der besonderen Beobachtung der NSDAP ausgesetzt. Sie hatte ein Netz von sogenannten Funkwarten quer über das Reich hinweg eingesetzt, die jedes Programm sorgfältig beobachteten und die Partei darüber informierten. Gegen bestimmte Sendungen und gegen Intendanten verschärften sich die Angriffe in den rechten Zeitungen erheblich, und nach dem 30. Januar wur-

Jochen Klepper, undatierte Aufnahme

den innerhalb weniger Wochen der größte Teil der Rundfunk-
mitarbeiter gegen NS-treue Redakteure und Intendanten aus-
getauscht.

Klepper hat diese Entwicklung genau beobachtet und dia-
gnostiziert am 10. Februar 1933:

*Täglich fühlt man es im Rundfunk mehr, dass man keinen Boden
mehr unter den Füßen hat; zwei Leute vielleicht in den ganzen
Abteilungen werden sich halten können. Es ist schmerzlich, gefährlich
für mich. Gerade war ich wieder einmal im Aufbau begriffen.*

Am 15. und 16. März fügt Klepper Zeitungsausschnitte in
sein Tagebuch ein, in denen über die Veränderungen im
Rundfunk berichtet wird, kommentiert die Nachricht, dass
Goebbels zum Propagandakommissar der Reichsregierung
ernannt wird, mit der Bemerkung: *ziemlich die schlimmste
Lösung.* In der Tat beginnen schon in diesen Tagen rigide
Maßnahmen zur Gleichschaltung des Rundfunks. Klepper

wird noch durch den Intendanten gestützt, viele seiner Beiträge laufen nun unter dem Namen anderer Autoren, am 25. Mai aber wird er wegen seiner SPD-Mitgliedschaft und seiner jüdischen Familie angezeigt, der Intendant wehrt die darauf eingehende Anfrage des Reichspropagandaministeriums mit dem Hinweis ab, „nahe Freunde von ihm seien auch religiöse Sozialisten" und „seine Ehe ist seine Sache".

Doch diese Abwehr bringt nur einen kurzen Aufschub. Klepper wird zum Gespräch vorgeladen, in seinem Tagebuch protokolliert er den Verlauf des Gesprächs folgendermaßen:

Sind Sie SPD-Mitglied? Meine Antwort lautete nicht „Nein", sondern: „Ich war religiöser Sozialist". Ich bin gefragt worden: Sind Sie Jude? Meine Antwort war nicht: „Nein", sondern: „Nein, aber ich bin mit einer Jüdin verheiratet". Am 7. Juni 1933 wird Klepper mitgeteilt, dass er bis zur endgültigen Regelung seiner Angelegenheit sofort die Arbeit einstellen und den Funk verlassen müsse.

Die Entlassung ist ein schwerer Schlag für Klepper. *30 Wochen war ich im Funk, voller Freude an der Zusammenarbeit mit Braun, voller Verbitterung gegen alles Übrige, voller Sympathie zu meinen Schauspielern, unter maßloser Anstrengung, die mich wirklich an den Rand meiner Kräfte brachte und mir im übrigen unser gutbürgerliches Durchkommen ermöglichte. Nun reißt alles jäh ab, und vor Presse und Verlag ist man als „nicht genehm" abgestempelt. Dass es zwischen Arbeit und Arbeitslosigkeit immer nur diese Extreme gibt.*

Die Einstellung beim Funk, 30 Wochen zuvor, war ihm wie eine Fügung Gottes erschienen. Mit demselben Argument hatte er das Angebot von Dr. Jürgen Eggebrecht von der Deutschen Verlagsanstalt zurückgewiesen, der ihm in diesem Zeitraum zweimal angeboten hatte, er solle den Funk verlassen, der Verlag würde ihn mit einem monatlichen Gehalt von 300 Mark ausstatten, das seine Existenz sichern würde, man sehe in ihm eine „Neuentdeckung", einen Schriftsteller mit Zukunft. Nein, er könne dieses Angebot nicht annehmen, hatte Klepper geantwortet, *dass ich in den Funk kam, war wie eine Fügung. Ich tue nichts selbständig.*

71

Am 22. Juni findet sich in seinem Tagebuch eine Notiz, in der Klepper selbst die *letzte* Katastrophe als eine *Fügung* begreifen möchte:

Ich klage mich nicht larmoyant an, ich breche nicht hilflos zusammen, wenn es mich erschüttert, wie Gott in diesen Tagen an mir arbeitet und nie müde wird. So lange hat mich ein falsches Gerüst getragen, so oft, so lange Gott auch mich hielt – nun bin ich gescheitert und glaube dennoch, in Gottes Arme zu fallen, und deshalb ist mir in diesem Zusammenbruch im tiefsten Herzen wohl. Es konnte nicht so weitergehen – mit dieser Feindschaft der Lüge vor Gott. Es gibt nur das Gebet jetzt für mich: „Bleibe mit mir im Gericht". Und einmal werde ich das alles nicht mehr schreiben dürfen, weil es voll Lüge und Eitelkeit ist.

Fügungen

Die drohende Entlassung aus dem Funk löst eine Krise zwischen den Ehepartnern aus. Erst bietet Hanni ihm an, sich um seiner Karriere willen scheiden zu lassen, er lehnt spontan ab. Sie dringt nicht weiter in ihn, er aber zerreißt sich in Selbstvorwürfen, von denen er ihr nichts verrät. Seinem Tagebuch vertraut er an: *Ich tue an ihr ein Unrecht, dass ich nicht einwillige und dadurch besser für unsere Existenz sorge, aber es ist keine falsche Moral, die mich hält. Ich kann diesen Entschluss nicht fassen. In diesem „jüdischen Schicksal", in das Gott einen einbezieht, ist etwas, wogegen ich nicht ankann. Der ganze Wahnsinn unserer Zustände spricht daraus, dass ich ein Unrecht begehe, wenn ich mich nicht von Hanni scheiden lasse, weil ich so besser für sie sorgen könnte.*

Aus heutiger Sicht kann man leicht fragen, auf welche Weise er für die Frau und die Kinder hätte besser sorgen können, wenn er in die Scheidung einwilligte? Ein im Grunde widersinniger Gedanke. Denn was hätte Kleppers persönliche Karricre und vielleicht wirtschaftliche Unabhängigkeit gegen den übermächtigen Judenhass, der Deutschland wie ein Flächenbrand erfasst hatte und sich immer weiter ausbreitete, ausrichten können? Hatte nicht sogar seine eigene Familie, das fromme Pfarrhaus in Beuthen, sich nach seiner Heirat mit Hanni gegen ihn gewandt? Das hätte ihm doch eine Warnung sein können, dass alle sogenannt „jüdischen" Menschen in Deutschland unweigerlich dem Tod ausgeliefert sein würden. Der Judenhass hatte die gesamte in einem Familienverband organisierte Verwandtschaft Kleppers erfasst. Lange hatten sie Klepper bedrängt, sich doch einzureihen, dem Verband beizutreten. Nun aber teilte man ihm mit: „Wir mussten darüber nachdenken, in welche Lage unsere Mitglieder gesetzt sind, die in staatlichen und sonstigen Beamten- und Parteistellen tätig sind, nichtarischen Personen und deren Nachkommen gegenüber, durch die neuen bezüglichen Gesetze und Verordnungen. Es wurde bedauert, dass wir dadurch Ihre Mitgliedschaft nicht bestätigen konnten."

Offenbar hat Klepper die Gefahr für seine eigene kleine Familie zu diesem Zeitpunkt unterschätzt. Er glaubte tatsächlich daran, dass es eine Rettung geben würde. Zwei Gründe sind dafür zu erkennen. Der erste ist zweifellos religiöser Natur. Seinem Tagebuch verrät er: *Meine Scheu vor Entschlüssen hält mich zurück, vor Entschlüssen, die an die Fügung rühren wollen.* Diese Ergebenheit in die „Fügung Gottes" scheint wie ein Bann auf ihm zu liegen, macht ihn passiv, bewegungs- und tatenlos gegenüber den politischen Ereignissen. Sie erinnert an die Botschaft des Propheten Jesaja, der gegenüber der militärischen Bedrohung Israels dazu geraten hat, still zu halten und auf den Arm Gottes zu warten, jede tatkräftige Aktion sei gleichzeitig ein Verrat an dem Vertrauen Gott gegenüber. Das ist zweifellos eine anfechtbare Einstellung, sie ist ambivalent, aber Kleppers Glaube an Gott reicht in eine Tiefe, in die man gedanklich nur schwer vordringen kann. Kann man den Tagebucheintrag zum dreißigsten Geburtstag am 22. März 1933 anders als mystisch verstehen, wenn er bekennt: *Ich bete nicht. Ich deute nicht. Ich plane nicht. Ich hoffe, ich fürchte, ich ahne nicht. Aber dauernd fühle ich mich von Gott überwältigt, und keine Flucht in die Nüchternheit bewahrt mich davor.* Klepper meint mit der „Flucht in die Nüchternheit" wohl nichts anderes als die

Wirklichkeit „draußen", die politische Situation, die nüchternen Gedanken zur wirtschaftlichen Planung des eigenen Lebens, zum Hauskauf, zu seiner beruflichen Zukunft.

Der zweite Grund für Kleppers Entscheidung muss in seiner seelischen Disposition gesucht werden. Es scheint, als habe ihn zunehmend eine Scheu vor anderen Menschen und vor der *nüchternen Wirklichkeit* erfasst. *Es ist seltsam*, denkt er im Oktober 1932 im Tagebuch über sich nach, *wie sich beide Züge meines Wesens ohne Bruch miteinander vertragen: der Hang zur Festlichkeit und Feierlichkeit mit der immer stärker entwickelten abweisenden Art, die mir jetzt schon als ausgesprochene Menschenfeindlichkeit vorgeworfen wird und gegen die ich merkwürdigerweise nicht ankämpfen will, weil ich die Ablehnung, die in mir so mächtig geworden ist, wie ein Fundament meines Wesens empfinde.* So hat er die persönliche Lage, die schwierigen Entscheidungen, vor denen die Familie stand, immer nur mit Hanni und sich selbst ausgemacht, nicht den Rat oder Beistand der Freunde gesucht, sondern sich eher in sich vergraben, als Lösungen mit anderen, womöglich Gleichgesinnten zu diskutieren. Viele seiner Gedanken kreisen um immer die gleichen Fragen, als grübele er ohne wirkliches Ergebnis, mitunter scheint es, als bewege er sich wie in einer Spirale, in der die Bewegung nach unten programmiert ist.

Weder Antisemit noch Philosemit

Als Hitler zum Reichskanzler ernannt ist, verändert sich das Gesicht Deutschlands radikal und in unglaublicher Schnelligkeit. Bereits am 1. Februar wird der Reichstag aufgelöst, am 4. Februar unterschreibt Hindenburg die Verordnung des Reichspräsidenten zum Schutz des Deutschen Volkes mit Eingriffen in die Presse- und Versammlungsfreiheit, am 22. Februar werden 50 000 SS- und SA-Mitglieder zu Hilfspolizisten ernannt. Drei Tage nach den Reichstagswahlen am 5. März werden den kommunistischen Abgeordneten ihre Mandate aberkannt, am 1. April werden die ersten Boykottmaßnahmen gegen jüdische Geschäfte in ganz Deutschland initiiert, das erste Gewerkschaftshaus in Hannover überfallen und besetzt, und am 7. April das „Gesetz zur Wiederherstellung des Berufsbeamtentums" erlassen, das dem Regime ermöglicht, politisch missliebige und „nicht-arische" Beamte zu entlassen.

Gerade zwei Monate nach dem 30. Januar wird der Antisemitismus in allen offiziellen Ämtern und Behörden, in Presse und Öffentlichkeit programmatisch. Klepper erlebt aus nächster Nähe im Funk, welchen Widersinn dies hervorbringt. Bereits am 8. März ist das zu spüren, wie das Tagebuch verrät: *Was uns schon jetzt an Antisemitismus zugemutet wird, ist furchtbar. Selbst Schnabels Beethovenabende mussten ganz plötzlich abgesetzt werden.* Am 30. März muss die Probe zu einem Funkabend ausfallen – das Manuskript war nicht vervielfältigt worden, weil die Firma, mit der der Sender bislang gearbeitet hatte, jüdisch ist. Die von Klepper bestellten Platten wurden ihm entzogen, weil entweder die Firma oder der Komponist (in diesem Fall Mendelssohn Bartholdy) oder der Dirigent jüdisch ist. *Meinen zuverlässigsten Sprecher musste ich wegschicken, weil er jüdisch ist. Und im Übrigen ist der Funk fast wie eine nationalsozialistische Kaserne: Uniformen, Uniformen der Partei-Formationen.*

Und dann folgt ein Satz, mit dem Klepper seine Beziehung zum Judentum genauer beschreibt: *Ich bin kein Antisemit, weil kein Gläubiger es sein kann. Ich bin kein Philosemit, weil kein Gläubiger es sein kann – Aber ich glaube an das Geheimnis Gottes, das er im Judentum beschlossen hat; und deshalb kann ich nur darunter leiden, dass die Kirche die gegenwärtigen Vorgänge duldet.*

Was er als *Geheimnis Gottes* begreift, das im Judentum beschlossen ist, darüber gibt Klepper keine genaue Auskunft. Offenbar aber ist, dass er wahrgenommen hat, dass das Christentum auf das Judentum wesentlich angewiesen ist. Damit distanziert er sich deutlich von der antijüdischen Grundtendenz der Evangelischen Theologie seiner Zeit, die ein Grund (unter anderen) dafür war, dass die Kirche die antisemitischen „Vorgänge" nicht nur geduldet hat, sondern sie willfährig mitgemacht hat, selbst getaufte „jüdische" Pfarrer und Pastoren (was war an ihnen eigentlich jüdisch?) in ihren Reihen nicht geduldet hat. Selbst die „Bekennende Kirche", die sich gegen die gleichgeschalteten „Deutschen Christen" formiert hat, hat den Antisemitismus nicht grundsätzlich geächtet. Klepper hat sehr genau wahrgenommen, dass die Kirche die Augen vor dem schreienden Unrecht verschlossen hat, darum trauert er um sie, möchte sie eigentlich verlassen. Was ihn daran hindert ist lediglich, dass er in ihr *noch den Kern der Urgemeinde* spürt.

Mein jüdisches Schicksal

Als er am 27. März 1933 erlebt, dass „das stille Pogrom" einen Höhepunkt erreicht, ist er entsetzt. Die NSDAP hat zum Boykott gegen jüdische Geschäfte, Richter, Anwälte, Ärzte und Künstler aufgerufen. *Anbruch einer neuen Zeit?*, fragt Klepper spöttisch, und antwortet selbst, das seien wohl eher die *Zuckungen eines sterbenden Jahrtausends*. Dann folgt eine bittere Einsicht: Er sieht sich selbst in dieses sterbende Jahrtausend einbezogen, *ja, es scheint mir ein Kernstück meiner Gedanken, meiner ganzen Geistes- und Seelenwelt zu sein, dass ich meine Zeit in diesem Sinn betrachten muss.*

Warum das so ist, erklärt er mit wenigen Sätzen so: *Das Jüdische hat in meinem Leben zu weiten und tiefen Raum, als dass ich jetzt nicht in all dem Guten, das immer noch über meinem eigenen Leben reichlich bleibt, sehr leiden müsste. Denn mir ist, als gäbe die Heilsgeschichte der Juden der Weltgeschichte einen Sinn.* Klepper identifiziert sich mit dem Judentum, so sehr, dass er von seinem *jüdischen Schicksal* spricht, nicht nur einmal, sondern mehrfach, dass er es in eine Reihe stellt mit anderen Zügen seines Schicksals – *Schicksal als Jude, Schicksal als Geist, Schicksal als Künstler.*

Ist es Zufall, dass Klepper ausgerechnet in diesen Tagen mit seiner Frau darüber ernsthaft spricht, ob sie sich nicht taufen lassen möchte? Im gleichen Augenblick aber verwirft er den Gedanken wieder – nicht nur, weil er politisch nutzlos ist. Der

Geistliche, bei dem Hanni sich angemeldet hat, hatte offenbar zu viel anderes zu tun, als sich um die Taufe zu kümmern. Er meldete sich jedenfalls erst nach vielen Wochen zum ersten Mal wieder und gab dabei „religiöse Plattheiten" von sich – *Hanni weiß hundertmal mehr vom Christentum als solche Pastoren!*

Auch kein Zufall ist wohl, dass Klepper in diesen Tagen ein Gebet niederschreibt, eines der *seltenen, seltenen Gebete, die Gott einem gibt*, die den Weg weisen. *Ich zweifle Gebete bis zum Äußersten an. Aber habe ich je gebetet, so war es gestern. Und danach kommt es schwer. Das ganze Gespräch mit Gott war: Gelobt sei der ewige Gott. Wirst du bleiben? Ja. Auch wenn es schwer kommt? Ja. Frage und Antwort. Gelübde und Verheißung. Alles gibt Gott.*

Wenige Zeilen danach beschreibt Klepper mit wenigen Worten den Entschluss, den er durch dieses Gebet gefasst hat: *Was ich bis jetzt gelebt habe, war mein Leben in Gott. Und wenn ich nun den Teil eines jüdischen Schicksals erlebe, so ist es mein Leben.* Die Entscheidung für die nächsten – und letzten – neun Jahre seines Lebens ist gefallen.

Erschreckend ist, dass die Kleppers zu diesem Zeitpunkt auch über einen möglichen Freitod sprechen. Den Anstoß dazu hat offenbar Johanna Klepper gegeben. Denn am Abend des 18. Juni notiert Klepper: *Was Hanni – die alles so treu, so selbstverständlich, so ohne Vorwurf mit mir trägt – von den Möglichkeiten ihres Selbstmordes gesagt hat, das hat mich fast vernichtend getroffen. In meinem Leben ist ein Moment da, wo man alles wieder in Gottes Hände zurücklegt.*

Die Diskussion mit seiner Frau verändert Kleppers Einstellung zum Freitod grundlegend. Am 23. Juni schreibt er: *Meine Einstellung zum Selbstmord hat sich sehr rasch geändert. Alles ist dem Menschen erlaubt, alles Gute, alles Schlechte, weil die Rechnung zwischen Gott und dem Gläubigen beglichen ist. Wie konnte ich den Selbstmord ausnehmen? Mit welchem Recht zog ich eine Grenze? Mit welchem Recht sagte ich von dieser Schuld, sie könne nicht vergeben werden?*

Ihn schaudert nicht mehr vor dem Gedanken an einen Selbstmord – *nicht vor der zu großen Liebe zu meinem letzten*

Menschen. Nicht vor der Schwäche, doch einmal müde zu werden. Ich bin noch nicht müde. Aber ich glaube, dass der Selbstmord unter die Vergebung fällt wie alle andere Sünde. Und der, der ich heute bin, will ich mit Hanni sterben. Das klingt wie ein Blick in die Zukunft. Konkreter wird dieser Blick wenige Zeilen später. *In der Welt gilt nur noch das eine: Wir sind zwei Verfolgte. Daran ist nichts übertrieben. Keinen Moment aber vergessen wir, wie viele so neben uns leben, vor uns und mit uns vielleicht auch freiwillig sterben. Wir werden uns nicht auf den Selbstmord zutreiben lassen, werden unser bürgerliches Leben, ich mein künstlerisches Leben wie immer führen … Aber wir wollen zusammen sterben. Und soweit ich Mensch bin, sage ich nun: Der Mensch, der mein Leben ist, soll auch die letzte Stunde meines Lebens bestimmen. Und dann ist nur noch Gott.*

SECHSTES KAPITEL

Erzählen ist wie eine Taufe

Den 13. September 1933 wird Klepper lange nicht vergessen. Bis zu diesem Datum schleppt er sich mühsam durch die Tage. Zwar hat sich seine berufliche Situation zum Guten verändert. Schon fünf Wochen nach der Entlassung aus der „Funkstunde" tut sich eine neue Chance auf. Der Ullstein-Verlag braucht für seine Wochenzeitschrift „Sieben Tage", in der aus und über den Rundfunk berichtet wird, einen Redakteur. Vierhundert Mark im Monat – das kann die finanziellen Sorgen Kleppers ein wenig dämpfen. Seine tägliche Arbeitszeit von neun bis siebzehn Uhr lässt ihm abends noch genügend Zeit zur Nebenarbeit, für seine Artikel in Zeitschriften und Zeitungen und inzwischen auch für die Gedichte, die er schreibt. Doch er fühlt sich seltsam unausgelastet, das ist nicht das Leben, das er sich vorstellt. Nicht nur, dass diese Anstellung nur vorläufig gilt. Sollte das Journalistengesetz an das Beamtengesetz angeglichen werden, würde er wegen seiner „Mischehe" sofort gekündigt. Der Vertrag kommt entsprechend erst drei Monate nach dem Arbeitsbeginn am 27. Juli. Der Verlag ist vorsichtig – man stellt Klepper nur als Redaktionsassistenten ein, die Redakteure werden zu diesem Zeitpunkt schon genau auf ihre politische Gesinnung und ihre „Volkstreue" hin beobachtet. Die zweite Bedingung mag noch härter klingen: Klepper muss anonym oder unter Pseudonym schreiben. Er nimmt das *nicht tragischer als es ist*, obgleich er im selben Atemzug bekennt, es habe doch etwas Besonderes mit dem Namen auf sich. Aber er kann es hinnehmen, *wenn es mich nur zu einem neuen Buch mit meinem Namen trägt.*

Das ist der eigentliche Leidensdruck, den Klepper empfindet. Er, der immer nur so sprühte von Ideen für neue Bücher, fühlt sich auf einmal gänzlich leer. Und das zu einem Zeitpunkt, in dem seine Novelle „Der Kahn der fröhlichen Leute" eine nächste Auflage erlebt, der Verlag ihm Honorar nachzahlt und die UFA sogar mit Plänen zu einer Verfilmung des Stoffes winkt. Es ist nicht die Eitelkeit, nicht die Suche nach dem Ruhm eines Schriftstellers, die ihm das Leben schwer macht. Um zu verstehen, warum das so ist, muss man wissen: Das Schreiben eines Buches ist für Klepper kein künstlerischer, sondern ein *religiöser* Vorgang. Am 18. April 1933 beschreibt er sein Bild eines Literaten:

Ich will nichts als erzählen, weil alles so lebendig ist, dass es beschrieben sein will. Eine unausgesetzte Taufe ist das Schreiben. Namen geben, Namen allen Dingen, die schon ihre Namen tragen und immer von neuem getauft werden wollen, bis sie ihren ewigen Namen tragen. Namen geben den Eltern und Kindern, Namen geben der Landschaft, den Sternen, Namen geben den Leiden und Kämpfen, Namen den Lastern, Namen der Güte ... nicht Pläne entwerfen! Nicht Ideen haben! Nicht Gestalten schaffen! ... Erzählung ist Taufe. So einfach sind die Weisheiten, aus denen man lebt.

Offenbar versteht Klepper die Situation, nicht wirklich schreiben zu können – und das „Schreiben" meint nicht die täglichen Notwendigkeiten einer Journalistentätigkeit, sondern das kreative Schreiben eines Romans –, als ein Schweigen Gottes. Im gleichen Zusammenhang notiert Klepper den Satz: *Wenn Gott mich nicht anredet, kann ich vom Leben nichts aussprechen. Dort allein liegen die Geheimnisse der Produktivität. Es heißt nicht: Was soll ich jetzt schreiben? Es heißt:*

Herr, wann wirst du wieder reden?
Herr, wann wird der Garten Eden
Wieder erste Früchte bringen,
die kein Säender ersann?
Herr, wann wirst du wieder reden,
dass ich Menschen, dass ich Dingen
erste Namen geben kann.

Erst wenn Gott das Schweigen bricht, wieder zu reden beginnt, kann das *kranke Leben*, das er empfindet, gesunden.

Das neue Buch

Die Durststrecke dauert noch einige Wochen, die alltäglichen Sorgen um die Familie, die den wachsenden Antisemitismus deutlicher zu spüren bekommt, verschärfen Kleppers Krise. Doch dann geschieht etwas Unerwartetes. Am Nachmittag des 13. September erhält er Besuch. Wilhelm Emanuel Süskind, Redakteur der Zeitschrift „Die Literatur", kommt zusammen mit Otto Rombach, Redakteur der Zeitschrift „Europa-Stunde", zum Tee in die Klepper'sche Wohnung. Die beiden beginnen, auf Berlin zu schimpfen. Jochen und Hanni verteidigen es nach Kräften, Klepper vor allem mit dem Hinweis auf Potsdam. Das hatte er vier Tage zuvor besucht, war durch die wunderschönen Gärten spaziert, hatte Entdeckungen über Entdeckungen gemacht: den Garten vor der Orangerie, das alte Bürgerhaus am Heiligen See; der Weg am Jungfernsee. Dann das Potsdamer Stadtschloss mit den von Friedrich Wilhelm I. gemalten Bildern – eine neue Entdeckung, so anders als all das Konventionelle, das den König umgeben hat. Am Tag darauf ein Ausflug nach Rheinsberg, der kleinen Stadt nordwestlich von Berlin, wo der Sohn des preußischen Königs und spätere Friedrich II aufgewachsen war. Das Schloss ohne Herz – so ganz anders, leblos, ohne Inspiration wie das Potsdamer Schloss mit den königlichen Bildern. In der Diskussion fällt ein Satz, der Kleppers Leben ändert. Eher so nebenbei bemerkt Süskind: „Das wäre ein neues Buch für Sie."

Klepper ist elektrisiert. Mitten beim Abendbrot durchfährt es ihn, er spürt am ganzen Körper: „Das ist das neue Buch!" Ihm ist, als liefen in dieser Buchidee alle Fäden zusammen, die ihm vorher wie ungeordnet, wild durcheinander schienen. Die häufigen Fahrten nach Potsdam. Die eigentümliche Wirkung der neuentdeckten Bilder. Hat er in Gedanken nicht immer schon Schlösser eingerichtet? Hat die Einrichtungen

Jochen Klepper vor seinem Haus in Nikolassee, 1939

verworfen und ist schließlich in einem alten, würdigen Bürgerhaus gelandet? Und das häufige Spielen mit einem Buchtitel *„Der Vater"*, von dem er dachte, er beziehe sich auf Beuthen. *Bis heute habe ich*, notiert er am Abend, *nicht gewusst, dass es auf ein bestimmtes Buch zugeht und schon so weit ist.*

Mit Feuereifer macht er sich an die Arbeit. Auf die Familie muss er in diesen Tagen keine Rücksicht nehmen, Hanni braucht dringend Erholung, sie fährt für fast drei Wochen nach Meran, das verschafft Klepper einen willkommenen Spielraum. Als sie am 23. Oktober zurückkehrt, hat er alle Quellen durchgearbeitet, Literatur besorgt – am Tag vor Hannis Rückkehr steht im Tagebuch nur die Bemerkung: *Die gesamte Literatur für „Der Vater" steht fest. Kein Buch darüberhinaus wird gelesen.*

Die Arbeit am Roman geht rasend schnell voran. Dazu mag beitragen, dass die Deutsche Verlagsanstalt sich schon dafür interessiert, das Exposé jedenfalls gefällt, man will mehr, wenn möglich das erste Kapitel. Und das ist am 13. April schon ganz fertig, umfasst hundert Seiten, wenn sein Plan aufgeht, wird das Buch etwa tausend Seiten lang werden – ob der Verlag das mitmacht? Im Mai, er arbeitet regelmäßig fünf Stunden täglich am Roman, macht eine Zusage des Verlags ihm noch einmal frischen Mut: Er solle schreiben, wie und wieviel er wolle, und wenn es tausend Seiten werden, dann müsste man eben sehen, vielleicht könnte der Verlag einige Kürzungen wünschen. Aber das ist im Moment nicht Gegenstand einer Verhandlung. Außerdem sichert der Verlag ihm einen monatlichen Vorschuss von zweihunderfünfzig Mark zu. Das ist ein ordentliches Aufgeld neben seinem Gehalt als „Redaktionsassistent" im Ullsteinhaus. Die Deutsche Verlagsanstalt hat inzwischen auch seine Aufnahme in die Reichsschrifttumskammer befürwortet, seine Aufnahme wurde schon im Dezember 1933 bestätigt.

Störfeuer

In den ersten Monaten der Arbeit am Roman gibt es im Grunde nur zwei Ereignisse, die ihn Zeit und Energie kosten. Das erste hängt mit dem Thema seines Romans zusammen. Die Filmgesellschaft UFA hat mitbekommen, dass Klepper sich mit dem Vater Friedrich des Großen beschäftigt. Das kommt ihr gerade recht. Sie sucht nämlich einen Stoff, der einerseits ein nationales Thema behandelt, andererseits Parallelen zur gegenwärtigen politischen Situation bietet. Klepper soll einen Drehbuchentwurf schreiben, er wird ständig zu Besprechungen eingeladen, Hanni hilft ihm nach Kräften, tippt immer wieder neue Manuskripte ab. Klepper wird nervös, weil die Filmleute ganz andere Vorstellungen haben als er. Er will einen Überblick über Personen, Situationen, den Stoff und die dahinterliegende Idee ausarbeiten, die UFA dagegen will schleunigst eine runde, handfeste Spielhandlung um den ganz konventionellen Soldatenkönig, „wenn möglich eine Liebesgeschichte" – über „Ethos" und „Führergedanke", wovon zu Beginn der Verhandlungen die Rede war, fällt nun kein Wort mehr. Das wird zu 75 Prozent ein Kassenerfolg, will man Klepper einreden, und macht ihn heiß: *Stoff und Person haben die ganze UFA alarmiert*, schreibt Klepper am 27. Januar 1934, *Anrufe schon frühzeitig hin und her zwischen UFA-Haus in der Stadt und Babelsberger Ateliers, zwischen (den Verhandlungspartnern der UFA) Sternaux mit Eplinius und mir – alles so hysterisch, so überhitzt, obwohl sicher alle Beteiligten wissen, dass, sobald das Exposé vorliegt, die ganze Sache wochenlang stagniert. „Ich soll die Nacht durcharbeiten", hieß es. Aber den Zauber kenne ich.*

Trotzdem – am 2. Februar schon soll das ganze Exposé vorliegen, der neue Titel „Der König und der Abenteurer". Im Februar dann der Einspruch des neuen Reichsfilmdramaturgen: ein Preußenkönig, den selbst der Nationalsozialismus zu den Großen zählt, und ein Abenteurer dürfen nicht zusammen auf der Leinwand erscheinen. Am 3. März schließlich teilt die UFA lapidar mit: „Wir sind zu der Feststellung gelangt, dass ein so großer und kostspieliger Kostümstoff im laufenden Jahresprogramm keinen Platz mehr hat. Der Film würde in der Ausführung, die er fordern kann, Mittel verlangen, die für die freien Plätze im Rahmen unseres Programms nicht mehr zur Verfügung stehen. Wir müssen also die Sache als solche einstweilen vertagen. Sie können also über Ihre nächste Zeit verfügen, wie Sie wollen."

Knapp einen Monat später dann aber wieder die gegenteilige Nachricht: „Der König und der Abenteurer" ist nun perfekt. Heißt: Klepper bekommt den Auftrag, für 500 Mark ein Manuskript in Szenen zu schreiben, aus dem sich dann alle weiteren Schritte ergeben sollen. Das Hin und Her macht Klepper so wütend, dass er am 6. April schließlich alle Verhandlungen abbricht und sein Material zurückfordert. Mit einem gehörigen Krach begräbt Klepper die Angelegenheit UFA.

Das zweite Ereignis, das ihn irritiert: Sein Bruder Erhard ist beim Ullstein-Verlag als Zeichner angestellt. Eigentlich hätte sich damit ein Traum aus der Kindheit erfüllen können, die beiden haben sich in den Schulferien ja in einem Zimmer verbarrikadiert, um ungestört ihre gemeinsame Zeitschrift „Von Kunst und Halbkunst" zu produzieren, Erhard den gesamten Bildteil, Jochen den Text. Und nun beide gemeinsam bei einem großen Verlag angestellt – warum nur, fragt Klepper sich, regt mich das so auf? Es attackiert seinen Ehrgeiz, muss er sich eingestehen. *In das Haus, in dem ich mich nicht verstecken muss, in dem ich mich aber zur Rettung meiner Existenz nur halten kann, wenn ich auf jedes Hervortreten verzichte und an keinen Aufstieg denke – in den gleichen Verlag, in dem ich subaltern und geistlos arbeite, kommt nun Erhard, als künstlerischer Mitarbeiter an renommierter Stelle, mit allen Möglichkeiten der Karriere.* Die Beziehung der beiden ist zu diesem Zeitpunkt so zerstört, dass Klepper von der Anstellung seines Bruders nicht von ihm, sondern von einem Boten im Haus erfährt.

Mühsames Schreiben

Der Mut, mit dem Klepper sich auf den Roman stürzt, weicht bald einer mühseligen Kleinarbeit. Penibel sammelt Klepper Informationen und Dokumente, reist an die Orte, an denen Friedrich Wilhelm I. sich aufhielt, sucht in den Memoiren der großen Zeitgenossen des „Soldatenkönigs" – Zar Peter I., Karl XII. von England und Ludwig XIV. von Frankreich nach Bildern für die geschichtlichen Umstände. Zugleich stellen sich Schwierigkeiten bei der Form des Romans ein. *Der erste historische Roman – es ist eine Sache, die an Herz und Nieren geht – zu sehr eine Gattung für sich, von der ich noch gar nicht weiß, ob ich überhaupt in ihr arbeiten kann.* Dann wieder zweifelt er daran, ob das Buch nun ein Roman oder eine Biografie werden soll. Kaum ist die Entscheidung zugunsten der Biografie gefallen, wird sie schon zehn Tage später wieder umgeworfen. *Ich quäle mich mit dem Nordischen Krieg herum. Dieses Kriegerische ist für mich zum Schreiben am schwersten ... Der „Vater" ist weder Biografie noch Roman. Er wird die Erzählung eines Lebens.*

Ein fachkundiges Echo auf ein Kapitel seines Romans vermag seine Unsicherheit nicht beiseite zu räumen. Der Schriftsteller Reinhold Schneider, mit dem Klepper sich langsam anfreundet, seit er ihn bei der „Funkstunde" kennengelernt hatte, schreibt ihm im Mai 1935, nachdem er in einer Ausgabe der Zeitschrift „Eckart" einen Vorabdruck gelesen hatte:

„Sie verwenden in dem Bestreben, viel auf das knappste zu sagen … einzelne Worte an der Stelle ganzer Sätze; nun widerspricht das der guten Tradition unserer Prosa, aber auch dem schönen, ehrfürchtigen Geist Ihres Buches; und ich glaube auch, dass sehr bald eine Zeit kommen wird, wo diese Technik Sie selbst stören wird und Sie wünschten, doch nur ganze Sätze geschrieben zu haben und der Revolution auch in der Syntax entgangen zu sein."

Diese „einzelnen Worte" und der knappste Ausdruck haben ihren Grund darin, dass Klepper fürchtet, der Roman werde viel zu lang. An das befreundete Ehepaar Meschke schreibt er im Juli 1935:

Ich arbeite am vorletzten Kapitel, aber das will für die Fertigstellung gar nichts besagen, da dann erst das schlimme Zusammenstreichen auf einen Band beginnt – darauf besteht der Verlag –, und das bedeutet ein völliges Neuschreiben von Anfang an. Ob dieser König für den Roman überhaupt fassbar ist, wird sich erst mit dem letzten Federstrich sagen lassen.

Die Sorge ist schließlich unbegründet, der Verlag stimmt zu, dass der Roman tausend Seiten lang sein dürfe, man könne sich durchaus vorstellen, dass man ihn in zwei Bänden veröffentliche. Allerdings verlangen auch die tausend Seiten eine strenge Disziplin und Streichungen. Denn Klepper schreibt und schreibt, Daumen und Zeigefinger sind manchmal wundgeschrieben, er schreibt mit umwickelter Hand weiter, mitunter fünfzig Seiten in einer Woche. Am 18. September 1935 endlich, kurz vor dem Abendbrot, ist die erste Fassung des Romans fertig. Zwar bleibt noch viel Arbeit, erst knapp ein Jahr später, am 16. August 1936, wird das Manuskript zum Druck freigegeben. Im November endlich scheint die Arbeit beendet. Fast drei Jahre später erinnert Klepper sich an seine Erschöpfung, die auch vor der Familie offenbar wurde. *Ich denke immer wieder an eine Mittagsstunde aus dem November, in dem ich in tormentis (unter Qualen) den „Vater" beendete. Hanni und die Töchter saßen noch bei Tisch; ich musste lesen. Eine fragte, wohl Renerle: „Warum dauern andere Bücher bei anderen Schriftstellern nicht so lange?" Eins sagte: „Dafür ist's bei Jochen dann große Kunst." Da bekam ich vor Verzweiflung einen Heulanfall, so schlecht und kaputt erschien mir das Buch.*

In Bedrängnis

Es ist in Wahrheit nicht nur das Leiden am Roman, das Klepper in dieser Zeit so niederdrückt. Scheinbar nüchtern verzeichnet das Tagebuch, dass das Netz um die Familie sich enger zusammenzieht. Zunächst scheint sich alles zum Guten zu wenden, was die private Situation angeht. In den Weihnachtstagen des Jahres 1934 plant die Familie Klepper einen Hausbau in Berlin-Südende. Hanni will das Geld aus dem Verkauf eines Hauses in Breslau wieder in ein Haus investieren, es soll der Familie die teure Miete der Sieben-Zimmer-Wohnung in der Doellestraße 48 ersparen. Anfang April 1935 wird der Bau begonnen, nur ein paar hundert Meter entfernt von der gegenwärtigen Wohnung. Wird das eine neue Heimat für die Familie?

Die Hoffnung ist trügerisch. Die Kleppers bekommen die antijüdischen Aktionen am eigenen Leib zu spüren. Anfang März hat Reni, die jüngere der beiden Töchter, Geburtstag. Nicht eine Freundin gibt es, die sie zur Feier einladen könnte. Die letzten, die Reni noch besuchten, haben schon seit Wochen von ihren Jungvolk- oder sonstigen Führerinnen die Anweisung erhalten, auch mit befreundeten Jüdinnen nicht mehr zu verkehren. Der Rassenwahn arischer Reinigung des Volkes nimmt zur gleichen Zeit im neuen Wehrmachtsgesetz Gestalt an. „Nur Arier können Vorgesetzte in der Wehrmacht sein. Ariern in der Wehrmacht ist das Eingehen der Ehe mit

Nichtariern verboten: Zuwiderhandlungen führen zum Verlust jedes gehobenen Dienstgrades."

Klepper ist klar, dass demnächst auch der gesamte Kulturbereich ähnlich „gereinigt" würde. Schon im Februar war die „Entjudung" der Fachverbände der Reichsschrifttumskammer begonnen worden. Klepper weiß, dass allen jüdischen Schriftstellern in Deutschland jede schriftstellerische und literarische Tätigkeit verboten worden ist. Im Tagebuch kann man unter dem 25. März lesen: *Aus dem Reichsverband Deutscher Schriftsteller sind 1 200 jüdische Schriftsteller nun erneut wieder ausgeschlossen worden. Wer ausgeschlossen ist, darf in Deutschland nichts mehr publizieren.*

Im Juli des gleichen Jahres kommt es zu tätlichen Angriffen auf Juden auf offener Straße. *Hans Nowak* (ein Freund Kleppers) *hat die antisemitischen Exzesse am Kurfürstendamm miterlebt. Sie haben Jüdinnen ins Gesicht geschlagen, die jüdischen Männer haben sich sehr tapfer gewehrt; zu Hilfe kam ihnen niemand, weil jeder die Verhaftung fürchtet,* notiert Klepper in sein Tagebuch. Wenig später ist Klepper klar, dass das Klima ins Unmenschliche umgeschlagen ist. *Drohungen aber, die sonst oft theoretisch bleiben, werden an den Juden sofort praktisch ausgeführt. Und dass keiner mehr sein eigenes Geld frei bekommt, um nach Palästina gehen zu können! Diese Grausamkeit, sie hier zu halten, ist das Schlimmste! Existenzverlust und körperliche Misshandlung sind den Juden tagtägliche Beängstigung geworden.*

In Breslau werden einundzwanzig „arische" Mädchen verhaftet, sie hatten Verhältnisse mit Juden. Die Juden werden in ein Konzentrationslager deportiert. Brigitte und Reni müssen in der Schule einen Abstammungsnachweis erbringen. Am Freibad wird ein Schild aufgehängt: „Nicht-Arier nicht erwünscht". Klepper kann durch seinen Protest bei der Leitung des Bades zwar erreichen, dass das Schild wieder abgehängt wird. Doch die die wachsende antijüdische Stimmung kann kein Protest aufhalten. Schon wenige Wochen später hängt das Schild wieder am Freibad. Und kurze Zeit darauf hängt ein ähnliches Verbot am Zaun zwischen den Laubengärten, wo die Kleppers oft ihren Abendspaziergang machen.

Die „Nürnberger Gesetze" verschärfen die ohnehin schon schwierige Lebenssituation der Kleppers. Die Gesetze waren am 15. September 1935 erlassen worden, sie verboten „Eheschließungen zwischen Juden und Staatsangehörigen deutschen oder artverwandten Blutes unter Strafandrohung", ebenso wurde der „Geschlechtsverkehr zwischen Juden und Staatsangehörigen deutschen oder artverwandten Blutes" untersagt. Von da an gelten die Liebe zwischen Männern und Frauen, die von dieser unsinnigen Gesetzeswillkür getroffen waren, als „Rassenschande", die mit Zuchthaus geahndet werden konnte. Dieser staatliche Eingriff in die Privatsphäre aller Deutschen trifft auch Brigitte. Zu Beginn des Jahres 1937 ist sie, knapp siebzehn Jahre alt, mit einem jungen Mann befreundet, als sich das Ende der gerade intensiv werdenden Freundschaft anbahnt. In seinem Tagebuch vermerkt Klepper: *Seine Eltern, fanatische Antisemiten, durften und dürfen nie erfahren, dass Brigitte Jüdin ist; ihnen war schon aufgefallen, dass unser Haus an Fahnen-Tagen nie flaggt!*

Doch die Tatsache ist nicht zu verschweigen, dass Brigitte jüdisch ist. So löst sich die Freundschaft einfach auf.

Die Nürnberger Gesetze werden von Jahr zu Jahr verschärft, und zwar durch die sogenannten Durchführungsverordnungen. Schon um 1936 scheint Hitler – historischen Untersuchungen zufolge – zum ersten Mal den Plan zu einem Euthanasie-Programms gefasst zu haben..

Wie klar Klepper bereits in dieser Zeit die Zukunft sieht, in die die Linien der NS-Politik laufen, darauf weist ein Tagebucheintrag vom 13. März 1935 hin: *Heut Nacht träumte ich, wir hätten ein gelähmtes Kind gehabt, das um der Zucht-Auslese und Bevölkerungspolitik willen getötet werden sollte und dem Staat auszuliefern war. Ein solcher Traum verrät von der Lage des Bürgers mehr als zehn Leitartikel zu sagen imstande wären.*

Zunächst aber trifft es Klepper selbst. Als er Anfang September in Urlaub gehen will, wird er zu seinem Vorgesetzten im Ullsteinhaus, Ludwig Kapeller bestellt, der ihm mitteilt, er brauche nach dem Urlaub nicht zurückzukommen, er sei gekündigt – „jüdisch belastet". Als die Kleppers am 24. September das neue Haus beziehen, müssen sie ohne regelmäßige Einkünfte leben. Zwar setzt Ullstein noch bis Ende Oktober die Gehaltszahlungen fort, das vermag die drohende Not aber nur vorübergehend abzuschwächen.

Kurz zuvor, am 11. September 1935, war ein Erlass verkündet worden, dass es künftig für Juden nur Judenschulen geben werde.

Wäre Auswandern nicht eine viel bessere Lösung? Die Kleppers sehen doch sehr klar, dass ihre eigene Zukunft und die ihrer Kinder in Deutschland bedroht ist, sie registrieren sehr wohl die Bemühungen von Hannis Verwandten in Nürnberg, die sich um eine Auswanderung bemühen.

Aber das findet weder bei Jochen noch bei Hanni Verständnis. *Den Gedanken an die Zukunft der Kinder müssen wir gewaltsam unterdrücken*, gesteht Klepper am 9. September 1935, *vermögen an der gegenwärtigen Situation nichts zu ändern.* Und knapp vier Monate später wehrt er unter dem Eindruck einer Predigt über die „Flucht Maria und Josefs mit dem Kind nach Ägypten" jeden Gedanken an eine Auswanderung entschieden zurück:

Die Nürnberger (gemeint sind die Verwandten Hannis) *raten uns immer wieder, die Kinder ins Ausland zu geben. Wir können und können darin kein Heil für sie erblicken, so bedroht ihre Zukunft in Deutschland auch scheint; ich kann mir immer nur helfen mit dem Gleichnis vom Acker des Jeremias: Ausharren unter dem Feind. Es müsste ein zwingender religiöser „Befehl" sein, der sich ja doch behauptet gegen alle menschliche Täuschung, wenn wir uns zu diesem Schritt entschließen sollten. Denke ich an das Bleiben der Kinder im Lande, so regt sich der Glaube in mir, denke ich an ihre Auswanderung, so schweigt alles.*

Der „*Acker Jeremias*"

Der „*Acker Jeremias*" wird zu einem festen Symbol im Leben Kleppers. Der Ausdruck bezieht sich auf eine Abschnitt im alttestamentlichen Prophetenbuch des Jeremias. Der Prophet sitzt als Gefangener im Wachthof, weil er prophezeit hat, dass Israel vom babylonischen König Nebukadnezar, der Jerusalem schon belagert, erobert werden wird. Er empfängt von Gott die Botschaft, er solle im besetzten Land einen Acker kaufen – denn das ist die von Gott verheißene Zukunft: *Man wird in diesem Lande wieder einmal Äcker und Häuser und Weinberge kaufen.* Das bedeutet: Man muss unter dem Feind aushalten, auf Gott vertrauen, der seine Verheißung wahr machen wird. Klepper schreibt aus der Bibel die Verse ab, trägt sie am 19. September 1935 ins Tagebuch ein: *Gleich wie ich über dieses Volk habe kommen lassen all dies große Unglück, also will ich auch alles Gute über die kommen lassen, das ich ihnen verheißen habe. Denn ich will ihr Gefängnis wenden, spricht der Herr.* Drei Tage später, am 22. September, fragt Klepper brieflich das befreundete Ehepaar Meschke: *Lest ihr etwa übrigens die Losungen der Brüdergemeine? In der Losung wird doch über den täglichen Bibelspruch hinaus noch auf Bibelstellen, fortlaufende, hingewiesen. Was in diesen Wochen angegeben ist, muss einen doch sehr bewegen, – all die Worte von den Juden, die aus dem Lande müssen, – noch mehr Worte für die, die im Lande bleiben müssen unter dem Feind. Manchmal kommt es einem aktueller vor als alle Zeitungen.* Das neuerbaute Haus in Berlin-Südende ist für Klepper genau dieser *„Acker des Jeremias"*, der Ort, an dem man *unter dem Feind* ausharren muss. Deswegen existiert für ihn aus religiösen Gründen die Alternative Auswandern nicht.

Auch die Feindschaft und das Leiden, das durch die Rassengesetze schreckliche Wirklichkeit wird, ist für Klepper nicht nur eine bittere Realität, sie hat für ihn auch eine religiöse Bedeutung. Am 7. September 1935 notiert er: *Nun aber ist das Schwerste, dass man jedem Augenblick Gottes Zorn so sehr verdient hat, dass man nicht davon los kann, im schweren Schicksal Gottes Strafe zu erblicken; denn alle Buße kann ja nicht anders, als die Strafe zu suchen, obwohl die Gnade längst empfangen ist.*

Wenig später schreibt er Verse aus dem Jeremiabuch ab, überträgt sie Wort für Wort in sein Tagebuch und bezieht sie unmittelbar auf seine eigene Situation – eine Art des Bibelgebrauchs, die wohl für die meisten Menschen ungewöhnlich ist. Man könnte einen banalen Biblizismus dahinter vermuten, doch das wird der Klepperschen Einstellung nicht gerecht. Er ist überzeugt, dass Gott über die Bibel täglich zu ihm spricht, und zwar in der Form, dass er ihm Botschaften übermittelt, die er erst dann versteht, wenn sie sich im täglichen Leben verwirklichen. Man kann das an einem einzelnen Vorgang begreifen. Am 12. September ist die Losung der Herrnhuter Brüdergemeine, die er seit 1933 täglich liest, ein Vers aus dem Buch des Propheten Jeremia. Bei Jeremia ist die Rede von dem großen Plan Gottes, die müden Seelen zu erquicken und die bekümmerten Seelen zu sättigen ... *und gleichwie ich über sie gewacht habe, auszureissen, zu zerreissen, abzubrechen, zu verderben und zu plagen: also will ich über sie wachen, zu bauen und zu pflanzen, spricht der Herr.*

Klepper hört aus diesen Worten eine Frage: *Will er das Leben, das man selbst vertan hat, das die anderen zerstört haben, das von Gott gegeben und vergeben ist, noch weiterführen? Man ist ganz zerstört. Will Gott mit dem Zerstörten noch bauen? An sich selbst kann man diese Frage nicht mehr tun. Bauen, pflanzen, ordnen, schaffen – das sind zu herrliche Dinge in all dem Elend aus Unglück und Schuld.* Man mag heute diese Unmittelbarkeit, mit der Klepper biblische Texte auf sich gemünzt hat, seltsam finden. Doch nur deshalb, weil wir gewohnt sind, in der Bibel ein literarisches Werk zu sehen, das uns aus fernen Zeiten überkommen und darum eher eine historische als eine existenzielle Wahrheit geworden ist – jedenfalls was die alttestamentlichen Texte angeht.

Als die Kleppers das neue Haus beziehen, hat Jochen das Gefühl, angekommen zu sein. Freilich ist die *Heimat*, die er nun gefunden zu haben glaubt, genau dieser *„Acker Jeremias"*, dessen Bild er in der Bibel gefunden hat. *Ausharren unter den Feinden*, das ist der Weg, den die beiden mit ihren Töchtern gewählt haben. *Es ist so schwer, wenn man sein eigenes Volk hassen muss ... Ich habe mich immer mehr als Deutscher fühlen gelernt und muss diese Schande erleben!*

Siebtes Kapitel

Der große Roman

Die Kündigung bei Ullstein gibt Klepper die Gelegenheit, sich ganz dem Schreiben des Königsromans zu widmen – das wenigstens zahlt sich aus, der Roman ist zum Jahresende fertiggestellt, es fehlen nur noch die Korrekturen in den Fahnen. Und was geschieht mit dem drohenden Ausschluss aus der Reichsschrifttumskammer? Als Klepper am 12. Dezember 1933 beantragt, in den „Reichsverband Deutscher Schriftsteller e.V.", einer Unterabteilung der Reichsschrifttumskammer, aufgenommen zu werden, scheint ihm dies ein notwendiger Schritt zu sein – *Ich will in die Schrifttumskammer, um Bücher veröffentlichen zu können.* In der Tat muss er ihr angehören, will er weiter als Journalist und Schriftsteller arbeiten. Am 9. Dezember war eine Verfügung erlassen worden, dass jeder, der eine schriftstellerische Tätigkeit ausübt, verpflichtet ist, der Reichsschrifttumskammer beizutreten. Diese Anmeldung soll spätestens am 1. Januar 1934 vorliegen. Klepper beeilt sich mit dem Antrag, unterschreibt den vorgedruckten Text: „Ich erkläre mich vorbehaltlos bereit, jederzeit für das deutsche Schrifttum im Sinne der nationalen Regierung einzutreten und den Anordnungen des Reichsführers des R.D.S. in allen den R.D.S. betreffenden Angelegenheiten Folge zu leisten."

Es kommt ihm selbst seltsam vor, dass er diese Verpflichtung ohne Bedenken unterschreiben kann. Es geht – *denn was sie proklamieren, klingt edel: heimatliche Dichtung, keine Asphaltliteratur – das braucht man mir nicht vorzuschreiben.* Die „Heimatliche Dichtung" der Reichsschrifttumskammer ist freilich ist nicht das, was Klepper darunter versteht. Und ihm ist auch klar, dass es dabei weniger um die Inhalte als darum geht, unerwünschte Personen aus der literarischen Öffentlichkeit zu verbannen. *Aber was wird aus jüdischen Dichtern in Deutschland?*, fragt sich Klepper nach der Unterschrift. Und dann auch: *Werde ich nun den Juden ganz gleichgesetzt werden?*

Am 23. Februar 1934 wird er aufgenommen, mit Datum des 25. März 1937 wird er ausgeschlossen, da er „nicht geeignet ist, durch schriftstellerische Veröffentlichungen auf die geistige und kulturelle Entwicklung der Nation Einfluss zu nehmen". Nur auf den Durchschlägen, nicht auf dem Original, ist an den Rand getippt bzw. handschriftlich hinzugefügt: „Ehefrau ist Jüdin".

Freunde in der Not

Kehren wir zunächst zu Klepper und zur Situation an Ostern 1937 zurück. Die Bedrohung war gegenwärtig, aber in diesem dramatischen Augenblick änderte sich vieles – weniger in Kleppers Seele oder in seinem Verhältnis zu Hanni und der Familie als vielmehr im Kreis der Freunde und Arbeitspartner. Hatte Klepper sich während der drei Jahre dauernden Arbeit am Roman nahezu vollständig von allen Freunden zurückgezogen, so erfährt er nun eine überraschende Zuwendung.

Reinhold Schneider ist der erste, der den Bann bricht. Ihm hatte Klepper noch am Sonnabend mitgeteilt, dass er von der Reichsschrifttumskammer ausgeschlossen worden sei. Am Ostersonntag ruft Schneider an. Er wolle nicht glauben, könne den Ausschluss nicht verstehen und denke, das Buch selber werde ihm, Klepper, schon „den Weg ebnen müssen". Den Weg ebnen – das konnte nur heißen, dass Klepper möglichst bald eine Ausnahmegenehmigung erhalten würde. Wie das geschehen könnte, das konnte er nicht sagen.

Dem Anruf Schneiders folgt eine Woche fieberhafter Tätigkeiten – freilich ist es nicht Klepper, der tätig wird. Freunde aus alter Zeit, der Verlag, nicht nur das Berliner Büro, auch der Leiter in Stuttgart greifen ein. Arbeitskollegen von früher rufen an, bewundern seinen Roman, versuchen ihm Mut zu-zusprechen. Am Ende der Woche schreibt er: *Beinahe etwas fassungslos stehen wir davor, wie es sich um uns regt; wie die früheren Menschen wiederum um uns auftauchen; wie sie wirklich und wahrhaftig helfen wollen.*

Die Situation ist günstig, was den Roman angeht. Schon am 4. März hatte der Verlag das Buch an die Buchhandlungen ausgeliefert. Der Verkauf war gut angelaufen, nicht nur deshalb, weil die Person des Preußenkönigs Friedrich Wilhelm an sich schon verkaufsträchtig wirkte angesichts der Idealisierung Preußens, derer sich die nationalsozialistische Propaganda befleißigte. Die ersten Rezensionen waren überschwänglich, allen voran Reinhold Schneiders Lob, der Klepper gegenüber sagte: „Der Gedanke an die Vollendung Ihres großen Werkes, an Gestalt und Gehalt, ist für mich immer wieder ein Geschenk."

Der Verkauf insgesamt nimmt Fahrt auf. Pagel vom Berliner Büro der DEVA teilt am 2. April, also wenige Tage nach dem Ausschluss aus der Reichsschrifttumskammer, mit, dass die ersten dreitausend Exemplare des „Vater" dem Ende zugehen, Stuttgart wird nachdrucken.

Am gleichen Tag, als er dies alles erfährt, notiert Klepper erfreut in seinem Tagebuch: *Die Buchhandlung Amelang in Berlin hat ein Sonderfenster gemacht: 15 mal „Der Vater" in einer Reihe. – Pagel berichtet, dass Amelang zu 50 Exemplaren noch 20 nachbestellt hat.*

Klepper selbst bleibt nicht untätig, schreibt am 24. April 1937 an den Präsidenten der Reichsschrifttumskammer, *wenn ich nun das Anliegen vorbringe, mir eine weitere Berufsausübung in Deutschland zu ermöglichen, bitte ich mich auf das in diesem Frühjahr erfolgte Erscheinen meines Buches „Der Vater. Der Roman des Soldatenkönigs" stützen zu dürfen. Auch gestatte ich mir, auf die ersten darüber vorliegenden Pressestimmen hinzuweisen. Mit der ergebensten Bitte, meinem Buche die Beachtung nicht zu versagen ...*

Der Einspruch Kleppers wird tatkräftig vom Verlag und von Freunden unterstützt, die ihre Verbindungen spielen lassen. Eine zusätzliche positive Rolle spielt sicher auch die Tatsache, dass das Buch bereits im Militär und bei Nazi-Prominenten ankommt. Dem Reichskriegsminister Generalfeldmarschall Werner von Blomberg hatte eine offizielle Stelle der Wehrmacht das Buch in besonderem Einband nachträglich zu seinem vierzigjährigen Militärjubiläum geschenkt. Gleichzeitig wurde es Generaloberst Werner von Fritsch, dem Chef der Heeresleitung, überreicht. Sogar im Reichspropagandaministerium des Joseph Goebbels hatte das Buch die Runde gemacht und großes Lob geerntet – nun verspricht man sogar, sich für Klepper einzusetzen.

Zunächst ohne Erfolg. Immerhin werden nun die „Reichskulturkammer" und das „Reichsministerium für Volksaufklärung und Propaganda" eingeschaltet und ein Lektor beauftragt, die Romane von Klepper zu begutachten. Die Gestapo in Berlin hält es zwar weiterhin nicht für tragbar, einen Schriftsteller, der mit einer „Volljüdin" verheiratet ist, in die Reichsschrifttumskammer aufzunehmen.

Der Gutachter jedoch, ein gewisser Willi Theile in Berlin, lobt den Wert des Buches: Nicht nur historisch sei es zu würdigen, sondern es ist von kulturhistorischem Wert: „In der Beschreibung der Lebensgewohnheiten des Hofes, der Bürgerfamilien, der Offiziere, Großgrundbesitzer und Handwerker liegt außerordentlich viel plastisches Leben, liegen Gedankengänge, die wirklich tief in die Lebensgestaltung der damaligen Zeit hineinführen … Nicht nur wegen dieser genannten Vorzüge halte ich das Buch für außerordentlich gut, sondern auch darum, weil es im guten Stil geschrieben, weil es in seinen Ausdrücken warm empfunden ist und weil schlichtes Denken und warme Herzlichkeit sich in ihm verbirgt."

Einige Zeitungen fragen schon bei der Reichsschrifttumskammer an, ob sie das Buch denn besprechen dürfen, obwohl der Autor aus der Kammer ausgeschlossen sei. Die Antwort wird in einem Aktenvermerk vorformuliert. „An sich ist der Roman ‚Der Vater' eine ausgezeichnete, überdurchschnittliche Arbeit. Man würde sie rückhaltlos empfehlen können, wenn er nicht nichtarisch versippt wäre und nur mit Sondergenehmigung arbeiten dürfte. Dies aber einem Privaten mitzuteilen, scheint mir nicht angängig. Ich möchte deshalb etwa eine Formulierung wählen: ‚Auf Ihre Anfrage vom … wird Ihnen mitgeteilt, dass Ihren Kunden anheimgegeben werden kann, ein Referat über den Roman ‚Der Vater‘ zu lesen.‘“

Am 2. September, also fast sechs Monate nach dem Ausschluss aus der Kammer, erhält Klepper eine Sondergenehmigung mit der Auflage, „jedes Manuskript vor der Veröffentlichung der Reichsschrifttumskammer zur Prüfung unter Bezugnahme auf dieses Schreiben vorzulegen“.

Die Sondergenehmigung ist nun erteilt, doch die Schrifttumskammer blockiert die Veröffentlichung weiterer Artikel von Klepper. Am 17. Oktober 1937 reicht er zehn Manuskriptseiten mit Gedichten und eine Buchbesprechung ein, am 27. Oktober weitere drei, am 3. November weitere zwei. Innerhalb der Schrifttumskammer befasst man sich mit den Manuskripten, die Beschreibungen der eingereichten Texte lesen sich als zynische Kommentare („… scheint seine augenblickliche seelische Verfassung abreagiert zu haben … Das Gedicht ist eine lyrische Paraphrase des 102. Psalms und vertritt eine Gesinnung, die absolut jüdisch genannt werden muss – es wird gesprochen von des Jahres Last, dass alles, was der Mensch beginnt, vor seinen Augen zerrinnt … Gegen die Frömmigkeit des Dichters soll gewiss nichts gesagt werden, aber das heutige Deutschland darf bestimmt ein Neujahrslied in einem anderen, positiveren Ton erwarten, der es nicht nötig hat, auf die knechtische Einstellung der Psalmen zurückzugreifen.“) Doch Klepper gegenüber schweigt die Kammer, selbst dann, als er noch einmal brieflich bei deren Leiter um Klärung seiner „Sondergenehmigung“ bemüht.

Schließlich raten ihm Freunde, er solle sich direkt an Goebbels wenden. Er tut es, am 12. Dezember 1937 schreibt er an den *sehr verehrten Reichsminister*, schildert den Hergang, dass er zwar eine Sondergenehmigung habe, aber die Manuskripte nicht zurückbekomme – *Darf ich Sie, sehr verehrter Herr Reichsminister, um Ihre Anteilnahme bitten, damit die mir gütigst gewährte Sondergenehmigung ihren Sinn erfüllt.* Dann weist Klepper darauf hin, dass er den Verlag gebeten hat, ein Exemplar des

Buchs „Der Vater" an Goebbels zu schicken. Unterzeichnet ist der Brief mit *Heil Hitler! Ihr sehr ergebener Jochen Klepper.* Widerwillig, wie er im Tagebuch vermerkt. *Den Brief an Goebbels musste ich mit ‚Heil Hitler' unterzeichnen. Ich habe nun das Letzte auf mich genommen.* Der „Deutsche Gruß" steht fortan unter jedem Brief, den Klepper an die Kammer schreibt.

Einen wirklichen Erfolg hat dieser Brief nicht. Immerhin aber wird Klepper am 12. Januar 1938 zu einem Gespräch in die Kammer geladen, sein Gesprächspartner ist der für ihn maßgebende Lektor Alfred Richard Meyer, den er aus der Berliner Funkzeit kennt. Meyer aber erkennt Klepper offensichtlich nicht als früheren Kollegen. Klepper notiert erleichtert den Verlauf des Gesprächs: *Die Besprechung – die deutlich spüren ließ, dass mir die Arbeit nicht mehr erschwert werden soll – dauerte über eine Stunde und fand in einer maßvollen, Vertrauen erweckenden, auf erstaunlich hohem Niveau stehenden Atmosphäre statt.*

Der eigentliche Grund zur Erleichterung aber scheinen die Vorwürfe zu sein, die Meyer Klepper macht: *Man klagte mich „katholisierender Tendenzen" an! Man wendet sich – „beratend, nicht eingreifend" – gegen meine geistlichen Gedichte. Und nun wurde es ganz klar ausgesprochen: Nicht gegen das, was Gott gilt, sondern „gegen die knechtische Haltung, wie sie der neue Geist bekämpft, der Gestalt Christi gegenüber". Nicht meine Ehe, nicht meine politische Vergangenheit standen zur Diskussion: da haben generelle Maßnahmen gesprochen. Ich war nur glücklich, dass es gleich um das Zentrale ging. Das war ungleich mehr, als ich von dieser Stelle je erwarten konnte. Denn nun ist die Sache nicht mehr meine, sondern Christi Sache.*

Als er Hanni von dem Gespräch erzählt, sagt sie erleichtert: „Ich bin also nicht mehr der Grund!" Beide haben sie nicht erkannt, dass diese Argumente nur verschleiern sollten, worum es tatsächlich ging: Darum, einen Menschen mundtot zu machen, weil er in einer „Mischehe" lebte. Immerhin erreicht Klepper nun, dass er seine Manuskripte – wenn auch schleppend – zurückerhält und sie in Zeitungen und Zeitschriften abgedruckt werden können.

Es scheint, als habe der Roman des Soldatenkönigs inzwischen sein eigenes Schicksal unabhängig vom Autor bekommen. Dabei scheinen Autor und Werk gerade bei diesem Roman eng verknüpft. Die Handschrift Kleppers ist deutlich zu erkennen, zum einen, weil er von religiösen Elementen durchwirkt ist, zum anderen zeichnet Klepper das Bild eines idealen Herrschers, der seiner Zeit weit voraus ist, eines Menschen, der von einer tiefen Religiosität ergriffen das Bild eines christlichen Landesvaters verwirklicht.

Klepper hat seinen Roman „Der Vater" von Anfang an als ein religiöses Werk verstanden. Äußerlich macht er das dadurch deutlich, dass er jedem der zehn Kapitel ein alttestamentliches Bibelzitat voranstellt. Es gibt für Klepper eine unübersehbare Parallele zwischen dem König und Gott. Einen zum Tode verurteilten Abenteurer lässt Klepper im Roman aussprechen, wie er diese Parallele sieht. *Gott und der König sind wie die Cherubim über dem Gnadenstuhl, deren Antlitz gegeneinanderstehen. Gott ist ein himmlischer, ewiger König, und der König ist ein irdischer, sterblicher Gott. Könige, Majestät, Könige im Glauben, sind wandelndes Gleichnis unter den Menschen, sind Hüter der heiligen Ordnung Gottes, für die er sich in seinem Sohne hingab; Haushalter seiner Geheimnisse sind die Könige der Erde – auch dort, wo sie morden.* Die erste Pflicht des Königs ist darum, die Verantwortung für das Wohlergehen seines Volkes einzulösen, er hat Opfer zu bringen, sein persönliches Glück und seinen Luxus einzuschränken, um die Schulden des Landes abzubauen. Die steuerlichen Privilegien des Adels fallen weg, die königlichen Silbergedecke werden eingeschmolzen und gegen Zinngeschirr eingetauscht.

Der König errichtet ein Pestlazarett, das den Namen „La Charité" trägt, baut ein Haus für melancholische Leute, verteilt kostenlos Arzneien an bedürftige und kranke Menschen, stößt die Entwicklung von Krankenkassen an und baut Waisenhäuser. Schließlich führt er die allgemeine Schulpflicht zum Wohle der Kinder ein.

Diese allgemeinen Reformen bilden die Basis des Bildes, das Klepper vom König zeichnet. Sie sind historisch belegt. Weniger belegt aber sind die Charakterzüge, die Klepper diesem König zuschreibt. Er ist nicht nur der einfache, auf Gerechtigkeit sinnende und verantwortungsvolle Regent, er ist auch ein schwacher Mann, der weint, der zur Schwermut neigt, der Bilder malt und tiefen philosophischen Gedanken nachhängt. Gar nicht belegt aber sind die Gespräche, die der König mit sich selbst und mit dem lutherischen Roloff führt, sie kommen ganz aus der Phantasie Kleppers und mögen darin vielleicht etwas über seine eigenen Lebenserfahrungen auszusagen. Roloff wird als Mann geschildert, der „den Geheimnissen und Härten der Heiligen Schrift" nachspürt. Diesem Prediger, so schreibt Klepper, fällt es schwer, *den Menschen die Botschaft von Gottes Gnade zu bringen; denn vor dem frohen Boten stand das Kreuz.* Ausgerechnet diesen Mann wählt der König sich zum Hofprediger. Als der kaum dreißigjährige König schwer erkrankt, weil er nicht aushalten kann, dass er als König Menschen zum Tode verurteilen, also sündigen muss und nicht wie ein Privatmann vergeben darf, tritt Roloff ans Krankenbett. Er erkennt, dass das Leben des Königs noch nicht zu Ende geht, noch nicht erfüllt ist. Er denkt bei sich: *Es war noch nicht das Stillewerden der Erfüllung. Die erste Stille war es, ohne die kein Schaffender beginnen kann: der Verzicht auf allen Glauben an die eigene Kraft, auf das Vertrauen auf den eigenen Plan; auf Lohn, Verdienst, Vollendung und Bestand; auf die Enthüllung des Sinnes, der nicht erkannt und nur geglaubt sein darf. Die erste Stille war es, in der Gott zu reden beginnt mit dem Menschen.*

Diese Gedanken zeichnen die Haltung Kleppers nach, sie sind die Predigt, die er an sich selber immer wieder richtet. Er hat diese „erste Stille" gehört, in der er auf den Glauben an die eigene Kraft verzichtet hat, auf einen eigenen Plan seines Lebens, auf Lohn, Verdienst, Vollendung und Bestand. Hat Gott in dieser Stille nicht zu ihm geredet?

Diese subtilen theologischen Passagen waren es vermutlich, die das Buch bei Freunden, bei Pastoren und Pfarrern, auch bei Studienfreundinnen und -freunden so begehrt machten.

Katharina Staritz, damals Stadtvikarin in Breslau (Frauen konnten noch nicht Pfarrerinnen werden) mag für viele dieser Begeisterten stehen. Sie schreibt ihm im Oktober 1938: „In meiner Arbeit ist mir das Buch ein lieber Kampfgenosse. Ich bin Ihnen für das Bekenntnis, das daraus hervorleuchtet, so dankbar. Damit wird das Buch einen Missionsauftrag unter den Gebildeten, die Menschen wie ich nicht mehr erreichen können, erfüllen."

Manche der Leserinnen nehmen die zeitkritischen Tendenzen des Romans sehr genau wahr. Margarete Delfner, die Urenkelin des Berliner Bischofs Daniel Amadeus Neander, schreibt im Februar 1939, Klepper habe in diesem Roman nicht nur die Geschichte eines Einzelnen und eines Königs geschrieben, sondern die Geschichte des Menschen an sich in seiner grauenvollen Verlorenheit. So werde der König nun nach Jahrhunderten zum „Vorbild". Dann zieht Margarete Delfner die Parallele zur Gegenwart: „Angesichts des lebenslangen Ringens mit Gott, um Gott, gewinnt der heute so satanisch geschändete Name ‚Isra-el' ‚Gotteskämpfer' den Klang seines Ursprungs zurück."

Von dieser zeitkritischen Tendenz bemerkten die Nationalsozialisten nichts. Im Gegenteil. Verwundert notiert Klepper unter dem Datum des 17. Juli 1937: *Mutter hatte (telefonisch) mitzuteilen, dass im heutigen „Völkischen Beobachter" eine ausgezeichnet geschriebene Kritik stehe, also im offiziellsten Blatt des Nationalsozialismus. Unser Erstaunen wuchs dann noch, als sich herausstellte, dass der Rezensent Dr. Pfeiffer war.* Arthur Pfeiffer war damals ein politisch genehmer Literaturhistoriker, der unter anderem über Georg Büchner gearbeitet hatte. Was der Rezensent an diesem Roman lobte, hört sich eher wie eine Propagandarede für Volk und Vaterland an: „Im Mittelpunkt steht die frohe Botschaft der Arbeit, des Fleißes, der Beharrlichkeit und des unermüdlichen inneren Aufbaus … Hier besteht eine ergreifende Schicksalsverwandtschaft, die aus den tiefsten Geheimnissen deutschen Lebens ihre Wunderkräfte zieht. Denn von einem großen Wunder ist überall fast wortlos die Rede. Es wird nicht genannt und ist doch dauernd gegenwärtig. Es heißt: Wie wird aus dem Kleinsten, dem Nichts ein gewaltiges Etwas … (Immer) gibt der eine Grundsatz den Ausschlag, dass das Leben des Volkes und die Förderung seiner schöpferischen Kraft über allem steht, dass nur die Kräfte, die seinem Wachstum dienen, geheiligt sind … Den Namen Preußen aus dem Sumpf und Sand norddeutscher Einsamkeit und Vergessenheit in den Himmel zu heben, in den glanzvollen Raum der Geschichte, in Dampf und Donner der Schlachten: dies ist das rastlos und zäh umkämpfte, mit allen Waffen verfochtene Ziel."

Von der religiös-ethischen Tendenz des Romans, die Klepper so sehr am Herzen lag, um die er gekämpft hat, ist in dieser Besprechung nicht die Rede. Andererseits: Das Lob von der falschen Seite macht den Roman zum Verkaufserfolg. Die Deutsche Verlagsanstalt kann Klepper Tantiemen zahlen, die ein zuverlässiges Einkommen sichern. Die erste Auflage ist zwei Monate nach Erscheinen des Buches vergriffen, die zweite schon gedruckt. Das deutsche Seminar der Hochschule in Venedig bittet um ein Exemplar, der Schriftsteller Werner Beumelburg, als Jagdgast in die Schorfheide eingeladen, nimmt das Buch als Geschenk für Hermann Göring mit. Das Reichskriegsministerium empfiehlt die Lektüre des „Vater" für Heer, Marine und Luftwaffe. 65 000 Exemplare werden bis 1942 gedruckt, am Kriegsende überschreitet der Roman die 100 000er Grenze. Auch nach der Befreiung Deutschlands wird der Roman verlangt, bis in die 90er Jahre hat die DVA insgesamt mehr als 300 000 Exemplare verkauft, neben dem Hardcover ist eine Taschenbuchausgabe erschienen, deutsche Buchclubs haben den „Vater" in ihr Programm aufgenommen.

Klepper selbst half der Erfolg nur bedingt. Gewiss, er ist nun ein anerkannter Schriftsteller, das öffnet ihm manche Tür, die anderen verschlossen bleibt. Doch der Nimbus konnte den Makel „jüdisch versippt" nicht überdecken. Warum sollte es ihm anders ergehen als Lion Feuchtwanger, Thomas und Heinrich Mann, Bert Brecht, Alfred Kerr und Ernst Toller? Und seine Familie – sie wird vermutlich von seinem Erfolg nicht profitieren können.

Das Ewige Haus

Kaum ist der erste große Erfolg begriffen, da kommt Klepper die Idee zu einem neuen Buch. Er wird sich der Person Katharina von Bora zuwenden, der Frau des Reformators Martin Luther. Fast zwanghaft wirkt, wie streng er sich seinen Tag einteilt, als er zu arbeiten beginnt.

Losung und Gesangbuch	*15 Minuten*
Zeitung	*40 Minuten*
Tagebucheintragungen	*15 Minuten*
Vormittags	
Korrespondenz	*20 Minuten*
Gartenarbeit oder Spaziergang	*60 Minuten*
Papiere ordnen	*15 Minuten*
Bibliothek	*15 Minuten*
Verschiedenes	*30 Minuten*
Büromäßiges	*15 Minuten*
Mittagsruhe	*15 Minuten*
Nachmittags »Das Ewige Haus«	
Lektüre	*1 Stunde*
Excerpte	*1 Stunde*
Organisation	*2 Stunden*
Manuskript	*4 Stunden*
Korrektur	*1 Stunde*
	9 Stunden
Mahlzeiten	*1½ Stunden*
An- und Ausziehen	*1½ Stunden*
Schlaf	*8 Stunden*

Sonntags Losung – Zeitung – Tagebuch – Kirche – Lektüre.

Vor allem eines muss er tun: Quellen in der Staatsbibliothek lesen – zur Landwirtschaft, zur Pest, Biografien der Neben-

figuren, Städtebilder. Dann muss er dringend eine Studien-
fahrt zu den Orten machen, an denen Katharina von Bora
lebte. Am 3. September trennen er und seine Frau sich auf
dem Potsdamer Bahnhof. Sie fährt zu Bekannten nach Weimar, er *in das Land des neuen Buches*, zunächst nach Magde-
burg, von dort nach Helmstedt („das Haus der Margarete Frie-
derich, darin ich Katharina von Bora auf der Flucht wohnen
lassen werde") und Braunschweig, *auf der Fahrt nach Gifhorn
notierte ich mir jede Einzelheit von Katharinas Flucht.* Am 6. September trifft er seine Frau in Weimar wieder, sie überreicht
ihm den Brief der Schrifttumskammer mit der Sondergenehmigung – *wie schön das war, wie musste das zwischen uns beiden
sein: Welche Dankbarkeit liegt über diesem Wiedersehen. – Wie
unfasslich wirkte solche Fügung – nachdem ich ‚Besonderes' von
Gott nicht mehr erbitte.*

Auf Hannis Wunsch geht die Fahrt nun in die Lutherstädte
Erfurt und Eisenach, dann aber nach Wittenberg in den „Gol-
denen Adler", Luthers Gasthof, ins Augustinerkloster, in die
Lutherhalle, dessen Archive Klepper gleich zur Verfügung stehen. Nach vier reichen Tagen fahren die beiden dann wieder
zurück nach Berlin. Klepper will sich sofort ans Schreiben
machen, aber heftige Migräneanfälle werfen ihn nieder,
Schlaflosigkeit plagt ihn, schwere Gedanken überfallen ihn.
*Der Hintergrund des großen Unterganges erhebt sich über alledem
immer dunkler, schwerer, völliger. Die Zeit ist endgültig da, in die
Stille zu gehen, dem Chaos die Sammlung entgegenzusetzen, der hek-
tischen Aktivität zu begegnen mit dem Gebet, dem Eigenlob, der
Ruhmsucht mit der Buße, dem Schein mit dem Gehalt, der unerträg-
lichen Erregung mit der Geduld. Die Zeit ist da.*

Am Ende des Jahres hat Klepper 1 200 Seiten Material für
den neuen Roman gesammelt. Dass er nie zu Ende geschrieben werden wird, kann er in diesem *schwersten, schönsten und
bedeutungsvollsten Jahr* seines Lebens noch nicht wissen.

ACHTES KAPITEL

Die Kirche und die Lieder

Klepper und die Kirche – das ist ein ungleiches Paar. Als er begann, Theologie zu studieren, hatte er sicher vor Pfarrer zu werden. In seinen Tagebüchern erwähnt er diesen Plan gelegentlich, bezeichnet ihn sogar als unerfüllten, immer noch lebendigen Wunsch. Je länger er aber studierte, um so ferner rückte die Erfüllung dieses Wunsches. Mit Sicherheit ließ die Vorstellung, einmal als freier Schriftsteller zu arbeiten und dabei seine theologische Bildung zu nutzen, den jugendlichen Wunsch zurückweichen. Die praktische Theologie ist schon in seinem Studiengang ein Mauerblümchen, Predigen ist für ihn viel weniger wichtig als das Wahrnehmen biblischer Texte. Auch wenn er 1936 einmal seufzt: *Dies Gebet steht mir im Vordergrund, drängt sich vor allen anderen hervor: die Bitte ums Pfarramt und Pfarrhaus,* so ist er doch überzeugt, dass Gott ihm *den Beruf zerschlagen* habe. Seine Berufung aber ist eine andere, sein „Pfarramt" der Auftrag zu schreiben.

Der Organisation „Kirche" hat er deswegen lebenslang nur ein geringes Interesse entgegengebracht. Das zeigt sich darin, dass er nach 1933 im sogenannten Kirchenkampf nicht energisch Partei ergriffen hat. Er registriert zwar, dass bei den Kirchenwahlen im Juli 1933 die „Deutschen Christen" zwei Drittel der Presbyteriums- und Gemeinderatssitze erobern und dass die Gleichschaltung der Evangelischen Kirche droht. In den meisten Kirchenleitungen der insgesamt 29 evangelischen Landeskirchen haben die „Deutschen Christen" die Mehrheit. Deren erklärtes Ziel ist eine einheitliche „Reichskirche" unter einem „Reichsbischof". Gleichzeitig gleichen die „Deutschen Christen" die Kirchengesetze an die neuen staatlichen Verordnungen und Gesetze an. Das „Führerprinzip" zieht in die Kirchen ein, und schon im September 1933 übernimmt die Evangelische Kirche in Preußen den Arierparagraphen des nationalsozialistischen Staates. Wer nichtarischer Abstammung oder mit einer Person nichtarischer Abstammung verheiratet ist, darf nicht als Geistlicher oder Beamter der allgemeinen kirchlichen Verwaltung berufen werden – ein Gesetz, das alle getauften evangelischen Christen aus jüdischen Familien praktisch von jeder geistlichen Aufgabe ausschloss. Diese Kirche hätte auch Klepper aus dem Pfarramt vertrieben, so wie es dem befreundeten Ehepaar Meschke erging. Kurt Meschke, mit einer „jüdischen" getauften Frau verheiratet, musste im Dezember 1933 aus der „kirchlich relativ exponierten Stelle in Danzig in einem vorpommerschen Pfarramt untertauchen", wie Eva-Juliane Meschke berichtet.

Gegen die nationalsozialistische Gleichschaltung der Evangelischen Kirchen, die etwa ein Drittel der Geistlichen unterstützte, bildete sich im September 1933 der „Pfarrernotbund", dessen Büro ist in Berlin-Dahlem bei Pfarrer Martin Niemöller angesiedelt, nicht weit vom Wohnsitz der Kleppers entfernt. Aus dem „Pfarrernotbund" ging die sogenannte Bekennende Kirche hervor, die 1934 eine eigene „Bekenntnissynode" in Barmen abhält.

Abstand halten

Eine Nähe zu den „Deutschen Christen" ist für Klepper unvorstellbar. Kopfschüttelnd nimmt er wahr, was eine Berliner Versammlung der „Deutschen Christen" 1937 von sich gibt. Ein gewisser Pfarrer Fausch, hält Klepper in seinen Tagebüchern fest, habe erklärt, *die Deutschen Christen wollten wohl das reformatorische Christentum Martin Luthers, aber mit demselben Recht und Rang die von Adolf Hitler verkündete Frohe Botschaft von Rasse, Boden und Blut.* Entsetzt ist er über Pfarrer der „Deutschen Christen", die *im Namen des Volkes taufen,* im Abendmahl das Brot *als Leib der Erde und den Wein als Saft der*

Erde reichen. Fassungslos notiert er im November 1937: *Was aber soll man sagen, wenn der Reichsminister für die kirchlichen Angelegenheiten in seiner gestrigen programmatischen Rede äußert: Christus habe auch nicht gelehrt, gegen die nationalsozialistische Rassenlehre zu kämpfen? Er habe vielmehr einen unerhörten Kampf gegen das Judentum geführt, das ihn deshalb auch ans Kreuz geschlagen habe. Nicht im geringsten widerspreche die Lehre Christi selbst dem Nationalsozialismus.*

Andererseits hält Klepper auch Abstand zur „Bekennenden Kirche". Nach der Predigt eines „bekennenden" Pfarrers hat er das Gefühl, hier gehe es nicht so sehr um einen erneuerten Glauben. *Die Kirche wird auch dies überdauern*, schreibt er nach einem Besuch eines bekenntnistreuen Gottesdienstes nieder. *Dass Pastoren, und zwar der bessere Teil, plötzlich nach vertanem Leben einen Lebensinhalt gefunden zu haben glauben, spricht ebenso stark in der Bewegung mit wie die Politik. Dieses Neue, weil es so fest auf der Schrift zu fußen scheint, ist gefährlich. Es bietet keine Angriffsfläche.*

Das Unangreifbare, scheinbar absolut „Richtige" in dieser politischen Lage stört Klepper, weil es nichts Lebendiges ausstrahlt. Die lebendige Auseinandersetzung aber ist das A und O des Glaubens – und Klepper meint damit nicht die Auseinandersetzung mit der politischen oder gesellschaftlichen Situation, sondern mit der Bibel, der einzigen Wahrheit, die den Glauben ausmacht. Als er am dritten Advent 1935 wieder einmal enttäuscht von einem Gottesdienst in Mariendorf nach Hause kommt, entlädt sich der ganze Ärger über das Beamtentum der Pastoren: *Die Kirche trostlos. Ist denn nahezu der gesamte Pastorenstand verdammt? Hat die ganze Besinnung darin bestanden, dass sie sich angesichts der veränderten politischen Lage dazu entschlossen, endlich wieder einmal ein paar neue Predigten auszuarbeiten? Gab es nicht zu Anfang dieses neuen Kirchenkampfes wirklich etwas wie Märtyrer? Und alles schon wieder Pose und Doktrin? Wären die Pastoren nicht Beamte, lebten sie in der Unsicherheit der Existenz – es wäre vieles besser!*

Nahezu alle Einladungen von offiziellen kirchlichen Stellen quittierte er mit Absagen. Beispielhaft sei die Einladung vom März des Jahres 1938 genannt, in dem Klepper einen Brief der Evangelisch-Lutherischen Kirche Deutschlands erhielt. Der Generalsekretär der Kirchenorganisation, Dr. Hanns Lilje, lud zu einem Ausspracheabend ein, an dem „einige maßgebende Theologen mit kirchlich interessierten Laien" zusammengeführt werden sollten. Das Thema: Man wollte „über wichtige Gegenwartsfragen der evangelischen Kirche in Deutschland" diskutieren. Etwas verwundert notiert Klepper in sein Tagebuch: *Es ist erstaunlich, wie rasch in meinem Falle die kirchlichen Kreise auf ein ihnen nahestehendes Buch reagiert haben. Der Wert solcher Diskussionen mag in Frage gestellt sein; ich jedenfalls darf nicht hin und muss bei meiner Arbeit bleiben.*

Die Abneigung Kleppers gegen jede Gruppierung innerhalb der Kirche war grundsätzlich – ihm sei, so bezeugt eine Notiz im Tagebuch aus dem Jahr 1935, *in der Kirche jeder besondere Zusammenschluss, von Menschen gewollt*, fremd.

Klepper nimmt die Tendenzen und Entwicklungen der organisierten Kirche andererseits sehr genau wahr – allerdings mit den Augen und Ohren eines normalen Gottesdienstbesuchers. *Mit der Kirche am Sonntag ist es wie mit der Großorganisation Winterhilfe und der Not: man braucht dringend einen Zentner Kartoffeln und bekommt ein Päckchen Pfefferkuchen. Was soll ich denn in der Kirche, wenn ich eine politisch schöne, anständige, mutige Geste für Exegese hinnehmen muss?*

Es gibt wenige Prediger, die vor ihm Bestand haben. Rudolf Hermann, sein Lehrer im „Johanneum" in Breslau gehört dazu, auch der Ortspfarrer in Mariendorf, Pastor Kurzreiter – es sind ernste, tief besinnliche Predigten, die Klepper schätzt. Die meisten Predigten enttäuschen ihn. *Ich war in der Kirche, hörte einen neuen, sehr jungen Pastor und bestaunte das friedliche Nebeneinander von politischer Verwirrung und theologischer Sauberkeit (also kann weder die Politik noch die Theologie stimmen).* Am liebsten wäre es ihm, wenn die Predigten einfach wegfielen: *Jeder Gottesdienst ist eine Gnade geworden, in dem noch Bibel und Gesangbuch das Hauptstück sein dürfen,* schreibt er im August 1935.

Der Lieddichter

Gedichte schreiben war schon für den jungen Jochen Klepper eine besondere Herausforderung. Seine eigentliche Begabung aber findet er erst, als er ungefähr dreißig Jahre alt ist. Eva-Juliane Meschke, die Frau des Pfarrers Kurt Meschke, ist die erste, der er zusammen mit seinem Roman *„Der Kahn der fröhlichen Leute"* die Gedichte mitsendet, *auch die alten.* Den ersten Teil dieser Gedichte widmet er Eva-Juliane. Das erste unter dem Titel *„Vorspruch zu einem Buch"* scheint, als beschreibe es ein Programm:

Alle Grenzen meiner Tage
Biege, Gott, in Deinen Kreis,
dass ich nur noch Worte sage,
die ich von Dir kommen weiß!

Wie die Meschkes auf die Gedichte reagiert haben, ist nicht genau bekannt – vermutlich haben sie die Zeilen gelobt. Klepper bedankt sich im nächsten Brief nur *für Ihre lieben Zeilen.* Im gleichen Brief aber widerspricht er aber der Meinung, er könne sich als *religiöser Dichter* fühlen. *Den religiösen Gedichten stehe ich nicht sehr freundlich gegenüber,* schreibt er den Meschkes, *die Gedichte schreibe ich im Widerspruch mit mir, auch widerwillig, gar nicht „hingerissen", sondern mühsam. Sie sind ein ständiges, verfälschtes Entdecken von Bibelstellen. Aber davon kann ich bis jetzt nun einmal nicht los, dass alles Schreiben für mich Bibel-Exegese ist.*

In der Tat scheint die Sprache der Bibel für Klepper die maßgebliche zu sein. Er gebraucht sie, indem er sie in eine neue Form bringt, er wählt für viele seiner Gedichte Bibelstellen aus, bringt sogar längere Passagen der Bibel in die Versform zeitgemäßer Dichtung.

Gleichzeitig aber hält er es *für eine Vermessenheit, … mich als protestantischer Dichter zu fühlen.* Denn, so argumentiert er, er sei zur Überzeugung gekommen, *dass eine protestantische Dichtung fast unmöglich ist.* Das hat einen einfachen Grund: *weil sie, mit jedem ihrer Worte, den Anspruch auf Gnade und Vergebung braucht. Sie ist, überspitzt gesagt, ein künstlerischer Selbstmord, dauernd ausgeführt und fortgesetzt.* Drei Tage nach dem Brief an Meschkes begründet er ausführlich, was protestantische Dichtung unmöglich macht: Sie steht unter einem unauflösbaren Widerspruch. *Sie erfolgt unter Buße, ohne von Buße reden zu können. Sie ist ein Lob Gottes, für das man die Vergebung Gottes braucht … Sie ist kein Schritt auf Gott zu, sondern Abkehr von Gott: Lüge, Eitelkeit, Voreiligkeit, Oberflächlichkeit, Schönrednerei, Dialektik.* Und dann benennt Klepper diese Dialektik, unter der die protestantische Dichtung steht: *Gott freilich kann es bewirken, dass er auch aus diesem Wust von Lüge und Eitelkeit spricht; der diesen Wust schreibt, wird es nie auch nur ahnen können, wenn Gott sich zu solcher ‚Dichtung' bekennt. Mit allem Anspruch, mit allem Flehen um Vergebung kann ich aber nicht anders, als das zu begehren: ein protestantischer Dichter sein zu dürfen trotz und trotz und trotz … manchmal geht es nur mit der mir verhassten, leichtfertigen Dialektik: protestantische Dichtung protestiert gegen sich selbst. Auch als Lob Gottes steht sie völlig unter der Zöllnerbitte: „Gott sei mir armem Sünder gnädig."*

Im Januar 1935 begegnet Klepper dem früheren Arbeitskollegen im Evangelischen Presseverband, Kurt Ihlenfeld, wieder. Ihlenfeld erinnert sich, es sei das Jahr gewesen, „in welchem Klepper … am Kirchenlied zu arbeiten begann". Ob er ihn unmittelbar dazu angeregt hat, wie Markus Baum in seiner Biografie vermutet, ist nicht sicher. Eher entspringt diese Arbeit einer alten Sehnsucht, die Klepper seinem Tagebuch anvertraut hat: *Ich möchte eines meiner Lieder im Gesangbuch wiederfinden.*

Dieser heimliche Wunsch Kleppers ist heute vielfach erfüllt. Das Evangelische Gesangbuch verzeichnet Klepper in zwölf Liedern als Verfasser des Textes, und vielen Gottesdienstbesuchern sind seine Lieder die liebsten neben den großen Paul-Gerhardt-Texten geworden. Die ersten Schritte zum anerkannten Kirchenlieddichter aber waren schwierig.

Ich will Kirchenlieder schreiben

Anfang Oktober 1937 veranstaltete die evangelische Kirche gemeinsam mit dem Reichsverband für evangelische Kirchenmusik ein „Reichskirchenmusikfest" in Berlin. Initiator und Leiter ist Kurt Ihlenfeld. Es soll vor allem um neue Musik mit neuen Texten gehen. Klepper ist bitter enttäuscht, dass seine Texte, die er schon vor längerer Zeit an Kurt Ihlenfeld geschickt hat, von diesem überhaupt nicht einbezogen worden sind. Man beachtet Rudolf Alexander Schröder, man greift auf sehr Altes zurück. Von Klepper spricht zunächst niemand. Das ist doppelt deprimierend für ihn. *Hier, hier vor allem sind die, zu denen ich gehöre; und von ihnen werde ich am verletzendsten ausgeschaltet. Das wird mich nicht hindern, mir zum mindesten den Thomaner-Abend anzuhören und – weiter Kirchenlieder zu schreiben.*

Unmittelbar zu Beginn des Musikfestes wird Ihlenfeld dieser grobe Fehler bewusst, in aller Eile stellt er ein vierzehnseitiges Heft zusammen, in dem drei „Kirchenlieder" und sieben Gedichte von Jochen Klepper abgedruckt sind. Titel des Heftchens: „Du bist als Stern uns aufgegangen". Fünf Tage nach Beginn der Festwoche ist es fertig und wird zum Verkauf angeboten, in zwei Vorträgen wird der Name Kleppers als eines neuen Kirchenlieddichters hervorgehoben. Erstaunt notiert Klepper die neue kirchliche Aufmerksamkeit – *So hörte ich, der ich so leide an der Schmalheit meiner bisherigen Leistung, „von der Kirche her" reden, so ernst, so wichtig, so heilend und bestätigend reden über mich.* Klepper ahnt, dass im Dichten der Kirchenlieder eine Zukunft für ihn liegen könnte. *Hier war ein Weg zu den Lesern, die ich suche und heute schon zu suchen gar nicht wage. Es war ein entferntes Vorausahnen dessen, was Gott vielleicht einmal gewähren könnte.*

Schon ein Jahr später erscheint das nun schon 16 Lieder umfassende Kirchenliedbändchen *„Kyrie"*, 1941 wächst die Sammlung auf 30 Lieder an. Den Namen *Kirchenlied* hat Klepper selbst gewählt, obwohl sie noch keine Melodie haben – Klepper wollte mit dem Titel den Ort festlegen, an den diese Lieder gehören. Sie alle sind in besonderen Situationen entstanden, sie sind Zeugen der engen Beziehung, die Klepper zwischen Bibelworten, Lutherzitaten und eigenem Leben gesehen hat. Der Biograf Martin Wecht hat in einer genauen Analyse aller Lieder Kleppers gezeigt, wie eng die Texte am Erleben Kleppers entlanggeschrieben sind. In zwei Liedern lässt sich diese enge Beziehung bis ins Einzelne leicht zeigen.

Am 20. Oktober 1937 entsteht das Neujahrslied „Der du die Zeit in Händen hast". Das letzte Quartal des Jahres 1937 wiegt in Kleppers Leben schwer. Er ist aus der Reichsschrifttumskammer ausgeschlossen, hat Anfang September endlich die lang ersehnte Sondergenehmigung erhalten. Die Manuskripte, die er einreicht, um eine Druckgenehmigung zu erhalten, kommen aber nicht zurück, offenbar verschleppt man den Prozess der Genehmigung. Halb verzweifelt stürzt Klepper sich in die Arbeit am neuen Buchprojekt „Das ewige Haus": *Die Arbeit erhält ein derartiges Übergewicht, dass ich darin nur noch, in solcher Konzentration und Askese, ein von Gott auferlegtes Schicksal sehen kann … Den Herrn der Ewigkeit um Zeit zu bitten, die er erfülle mit von ihm gewährtem Werk: ist ein Gebet, das man erst in viel Verzweiflung lernt. Gott hat Zeit; und hat meine Zeit in Händen.*

Am 19. Oktober überschreibt Klepper den Tagebucheintrag mit einem Vers aus dem 102. Psalm: *Er demütigt auf dem Wege meine Kraft; er verkürzt meine Tage. – Deine Jahre währen für und für.*

Einen Tag später steht das vollendete Gedicht im Tagebuch – mit einigen kleinen Abweichungen zum späteren Gesangbuchlied.

Der du die Zeit in Händen hast, Herr, nimm auch dieses Jahres Last und wandle sie in Segen. Nun von dir selbst in Jesu Christ die Mitte fest gewiesen ist, führ uns dem Ziel entgegen.

Da alles, was der Mensch beginnt, vor unseren Augen noch zerrinnt, sei selbst du der Vollender! Die Jahre, die du uns geschenkt – wenn deine Güte uns nicht lenkt – veralten wie Gewänder.

Wer ist hier, der vor dir besteht? Der Mensch, sein Tag, sein Werk vergeht; nur du allein wirst bleiben. Nur Gottes Jahr währt für und für; verwandle jeden Tag zu dir, weil wir im Winde treiben.

Der Mensch ahnt nichts von seiner Frist, du aber bleibest, der du bist in Jahren ohne Ende. Wir fahren hin durch deinen Zorn, und doch strömt deiner Gnade Born in unsere leeren Hände.

Und diese Gaben, Herr, allein lass Maß und Wert der Tage sein, die wir in Schuld verbringen. Nach ihnen sei die Zeit gezählt; was wir versäumt, was wir verfehlt, darf nicht mehr vor dich dringen!

Der du allein der Ewige heißt und Anfang, Ziel und Mitte weißt im Fluge unserer Zeiten: Laß – sind die Tage auch verkürzt, wie wenn ein Stein in Tiefen stürzt – uns dir nur nicht entgleiten!

Psalm 102,24–28

Martin Wecht fasst seine Analyse zusammen: „Der innere Entstehungs- und Reifungsprozess dieses Kirchenliedes umfasst einen Zeitraum von fast vier Wochen und ist geprägt von der Leiderfahrung der vorausgehenden Monate."

Nicht jedes Lied braucht so lange, bis es fertig ist. Im Gegenteil – manche Liedtexte scheinen Klepper geradezu zuzufliegen. In der Adventszeit 1937 schreibt er zwei Lieder in wenigen Tagen, darunter das wohl bekannteste Weihnachtslied (von Klepper so überschrieben, im Evangelischen Gesangbuch nun unter Advent aufgeführt): „Die Nacht ist vorgedrungen".

Dem Text stellt er den Bibeltext voran, der ihn zum Schreiben veranlasst hat: *Und weil wir solches wissen, nämlich die Zeit, dass die Stunde da ist, aufzustehen vom Schlaf; (sintemal unser Heil jetzt näher ist, denn da wir gläubig wurden; die Nacht ist vorgerückt, der Tag aber nahe herbeigekommen); so lasset uns ablegen die Werke der Finsternis und anlegen die Waffen des Lichts.*

In der Klepperschen Nachdichtung heißt es:

Die Nacht ist vorgedrungen, der Tag ist nicht mehr fern. So sei nun Lob gesungen dem hellen Morgenstern! Auch wer zur Nacht geweinet, der stimme froh mit ein. Der Morgenstern bescheinet auch deine Angst und Pein.

Wie nahe die dichterische Sprache Kleppers der lutherischen Sprache der Bibel kommt und welchen Charakter diese

Verse haben, hat ein Klepper unbekannter Theologe namens Erich Stange in einem Brief an Klepper im Jahr 1938 beschrieben: „Vielleicht noch entscheidender als die enge Verbindung zwischen Schriftwort und Dichtung ...scheint mir die Tatsache, dass Ihre Gedichte ja durchweg Gebet ... oder Zuspruch ... sind. Gerade so übt diese Dichtung das Amt des Vorbetens und der Seelsorge aus, dem ich unbedingt den Primat vor der Predigt zusprechen würde."

Kirchenlieder sind keine Kampflieder

Die Kirchenlieder haben Klepper freilich zugleich von der Bekennenden Kirche entfernt. Nicht wegen der Inhalte, sondern deswegen, weil einer der führenden Männer der Bekennenden Kirche, Generalsuperintendent Otto Dibelius, ihn auffordert, Lieder für das geplante Gesangbuch der Bekenntniskirche zu schreiben. Ein Ansinnen, das Kleppers Verständnis eines Kirchenliedes widerspricht. In einem siebenseitigen Brief kritisiert Dibelius einige der Liedtexte Kleppers sehr deutlich. Am meisten getroffen aber ist Klepper offensichtlich von einer abschließenden Bemerkung im Brief:

„Und auch die Not und die Auswirkung der Bekennenden Gemeinde und die daraus erwachsende ‚Gleichzeitigkeit‘ mit dem Neuen Testament, oft auch mit der Reformationszeit, sollten Sie mit durchleben. Ich meine, daraus müssten die Lieder von selbst erwachsen."

Der Brief von Dibelius trifft am 17. Februar 1940 bei Klepper ein, am gleichen Tag ist Klepper klar, dass ihn nun vieles von der Bekenntniskirche trennt. *Sie wissen ja gar nicht, was unentrinnbares, von Gott her notwendiges Leiden ist. Sie haben den Blick für Volk und Gemeinde verloren. Sie richten Mauern auf, und über allem kämpferischen Bekenntnis schweigt die Verkündigung der Liebe. Diese Kirche wird mich nie singen lehren.*

Kirchenlieder sind keine Kampflieder, sie entspringen einer meditierenden, gebetsähnlichen Wahrnehmung biblischer und frommer Worte aus der Kirchengeschichte, sie sind nicht

Bekenntnis, sondern wie ein unbekannte Frau nach der Lektüre der Lieder an Klepper schreibt: „Ihre Worte gehen so tief, so sehr ins schonungslose Leid, in Qual und Heimweh des Herzens ... Kann ein Mann wirklich so zutiefst demütig sein und zugleich so frei von Gott und Menschen? Das hilft so wunderbar."

Klepper selbst sieht in der Nähe seiner Sprache zur Bibel den entscheidenden Punkt. In einem Aufsatz mit dem Titel *„Das göttliche Wort und der menschliche Lobgesang"* beschreibt er diese Nähe: *Die freie Schöpferkraft beugt sich vor der Unüberbietbarkeit biblischen Gehaltes und biblischen Ausdrucks. Die höchste, letzte, tiefste Aussage wird der Bibel selbst entnommen und bleibt ihr vorbehalten ... Unfasslich ist die Fülle von Bibelworten, die als geschlossene Zeile ins Lied übernommen und zum Ausgangspunkt eines geistlichen Liedes werden können.* In der Folge zählt Klepper diese Bibeltexte auf. Aus Jesaja: *Er weckt mich alle Morgen, er weckt mir das Ohr.* Weiter zitiert Klepper: *Ist nicht ein Lied zur Jahreswende, was wir bei Jesaja lesen: „Ja, ich will euch tragen bis ins Alter, und bis ihr grau werdet".* Vermag nicht der 102. Psalm in den Worten: „Du aber bleibst, wie du bist, und deine Jahre nehmen kein Ende" zur Strophe eines Neujahrsliedes zu werden?*

Neuntes Kapitel

Das Netz zieht sich zusammen

Am 12. Februar 1938 fällt die Entscheidung, dass das Villenviertel Südende in Berlin, in dem auch das Haus der Kleppers steht, abgerissen werden soll. Das „Gesetz zum Umbau Berlins" bestimmt dieses Gelände zum Bau des „größten Güterbahnhofs der Welt". Es gibt keinen Zweifel: Der *„Acker Jeremias"* muss aufgegeben werden. Aber wohin? Der Gedanke, Berlin zu verlassen und nach Gnadenfrei zu ziehen, einer Bleibe bei der Herrnhuter Brüdergemeine, wird rasch wieder verworfen. Die Töchter können doch nicht allein in Berlin zurückbleiben, die Eltern müssen dafür sorgen, dass sie gute Ausbildungsplätze bekommen. Zwar haben beide ihre Schulzeit noch nicht beendet, aber die Lehrer bitten die Eltern, ihre Kinder doch vom Gymnasium zu nehmen. Für Brigitte wird – nach vielen Anstrengungen – ein Ausbildungsplatz in einer jüdischen Handels- und Sprachschule in Berlin gefunden. Aber Renate ist noch unversorgt, Hanni geht viele Wege, ohne Erfolg, *es drückt sie namenlos nieder, nun an all den einzelnen Stellen zu erleben, wie eiskalt und in der Stille die Juden in ihrer Existenz abgewürgt werden und wie es dem Staate immer wieder um ihr Geld geht.* Es bleibt schließlich nur ein einziger Ausweg: Renate muss ein „Haushaltspflichtjahr" hinter sich bringen, um überhaupt die Möglichkeit für einen Ausbildungsplatz zu haben. Gott sei Dank findet sich der jüdische Literaturhistoriker Werner Milch, ein Bekannter Kleppers aus Breslau, dazu bereit, Renate in seinem Haus in Wolfshau im Riesengebirge für das Pflichtjahr aufzunehmen. Erst dann kann sie das „Arbeitsbuch" bekommen, das sie zur Ausbildung berechtigt.

Das Haus in Südende wollten die beiden eigentlich zur Sicherung der Töchter bewahren. Nun wird es abgerissen – es gilt, in diesen schwierigen Zeiten ein neues Haus zu bauen. Von einem Rechtsanwalt wird Hanni darauf aufmerksam gemacht, dass es wegen der wachsenden Rechtlosigkeit der Juden dringend zu raten sei, das Haus „dem arischen Teil zu übergeben". Am 13. Mai schließen Hanni und Jochen einen Kaufvertrag für ein Grundstück in Nikolassee, auf den Namen von Jochen Klepper. *Der Bauentschluss fällt uns so furchtbar schwer. Im Hinblick auf die Zukunft der Kinder scheint doch alles verändert: Das Haus wird ja keine Existenzgrundlage mehr in Deutschland für sie sein. Und doch sehen wir keine andere Lösung, das Bedrohte zu erhalten – … alles andere wäre Fatalismus.*

Die Töchter retten

Die jüdischen Verwandten von Hanni drängen immer stärker darauf, die beiden Mädchen doch ins Ausland zu schicken, die Zeit drängt, das wissen auch die Kleppers. Immer mehr Länder schließen die Grenzen für aus Deutschland kommende Juden.

Die Internationale Konferenz, die vom 6. bis 15. Juli wegen Fragen der jüdischen Emigration im schweizerischen Evian tagte, zerstört viele Hoffnungen. Australien verkündet: „Da wir kein eigentliches Rassenproblem haben, wünschen wir auch keines zu importieren." Der Vertreter Großbritanniens sagte, das britische Kolonialreich verfüge über kein Territorium, das sich für eine größere Ansiedlung eignet. Kanada, Kolumbien, Uruguay und Venezuela, eigentlich klassische Siedlungsländer, wünschen nur noch Landwirte aufzunehmen. Peru will keine Ärzte und Rechtsanwälte mehr aufnehmen. Frankreich sieht mit 200 000 Flüchtlingen und drei Millionen Ausländern eine Grenze erreicht. Lediglich Holland, das bereits 20 000 Flüchtlinge aufgenommen hat, bietet sich wenigstens als Durchgangsland an. Die Schweizer Delegation erklärt, ihr Land könne keine weitere Aufnahme von Flücht-

Jochen Klepper mit Renate Stein und deren Töchtern Hanni und Brigitte

lingen verkraften. „Um eine weitere Überfremdung der Schweiz zu vermeiden und angesichts der hohen Arbeitslosigkeit dort, kann die Schweiz für die Flüchtlinge aus Deutschland nur noch Transitland sein."

Klepper kommentiert enttäuscht: *Seit die Konferenz von Evian erwiesen hat, dass das Ausland deutschen Juden nicht hilft, ist alles noch viel tragischer.* Zur gleichen Zeit erreichen die Familie verzweifelte Briefe von Hannis jüdischen Freunden aus Breslau, die sich um eine Auswanderung bemühen, aber ohne Erfolg bleiben.

Die Sorge um die Zukunft frisst an den Kleppers. Am 8. Mai 1938 notiert Klepper: *Gestern war Hanni bei Lampenlicht eingeschlafen, und ich sah sie schlafend: Eine abgehärmte, vergrämte, verbitterte Greisin; eine fruchtbare Veränderung war es, an der sich auch bei langem Betrachten nichts änderte. Dies Neue ist geschehen, seit der Gedanke sich in uns unmerklich festgesetzt hat, dass wir die Kinder von der Auswanderung auf die Dauer gar nicht zurückhalten dürfen. – Aber wir wollen sie halten, so lange es uns nur gewährt ist. Es ist ein neuer, lähmender Schatten über allem.*

Dennoch wird das Haus gebaut, am 25. August 1938 wird der Grundstein gelegt. Nicht ohne Stolz bemerkt Hanni abends: „Alle Juden verkaufen, brechen ab, wandern aus; und ich baue mit dir!" Der Hausbau scheint in der Tat beiden Kleppers Hoffnung zu geben, obgleich Jochen nur wenige Tage später eine bittere Nachricht erhält. Seit er die Sondergenehmigung der Reichsschrifttumskammer hat, ist er unmittelbar dem Reichspropagandaministerium unterstellt, dort einem gewissen Dr. Hugo Koch, einem Regierungsrat und ehemaligen Oberstudienrat, der Musik liebt – er hat sogar früher als Organist in Gottesdiensten gespielt – und Klepper viel Sympathie entgegenbringt. Am 2. September besucht Klepper Dr. Koch zu einem langen Gespräch. Eigentlich wollte er ihn nur über die Filmpläne unterrichten, die von der UFA wieder aufgenommen und an ihn herangetragen worden sind. Doch unerwartet wurde daraus *das wärmste und schwerste Gespräch, das wir je miteinander führten.* Koch befürchtet, dass die immer schärferen antijüdischen Maßnahmen auch vor der Sondergenehmigung nicht Halt machen würden. Klepper solle sich auf große Erschütterungen gefasst machen. Welche das sein könnte, deutet Koch nur an. Man habe über seine Scheidung gesprochen, möglicherweise gehe es in Zukunft um die Frage „Ehe oder Vaterland". Keine Alternative für Klepper, aber Koch verspricht alles zu tun und für Klepper zu kämpfen – Klepper empfindet den Mann als *gütig*, so bezeichnet er ihn im Tagebuch, und doch wagt er nicht, Hanni von diesem Gespräch zu erzählen. *Ich behalte alles ganz für mich. Diesmal, das erste Mal, auch vor Hanni.* Eine schwere Last, zumal er unmittelbar nach diesem Gespräch das Grundstück für das neue Haus in Nikolassee übernimmt – und gleichzeitig die Hypothekenbanken alle Hypotheken sperren.

Der Druck wächst

Zur gleichen Zeit werden wieder neue antijüdische Gesetze erlassen. Ab dem 1. Januar 1939 müssen alle Juden, ob getauft oder nicht, als zweiten Vornamen Israel, alle Jüdinnen den zweiten Namen Sara führen. Die Liste der Vornamen, die für neugeborene Kinder jüdischer Familien festgesetzt sind, bedeutet zu 80 Prozent eine sadistische Verhöhnung. Die bekannten biblischen Namen sind für Juden verboten. Zum 1. Oktober müssen alle jüdischen Ärzte ihre Praxis auflösen. Jüdische Mieter haben wegen der wachsenden Wohnungsnot mit Sondererlassen zu rechnen. Schon Ende Juni müssen alle Juden eine genaue Aufstellung ihres Vermögens einreichen. Aus Breslau schrieben Hannis jüdische Freunde verzweifelte Briefe. *Das geht alles dem kläglichsten Ende zu, und sie haben nicht einmal das Reisegeld nach Chile, dem einzigen Lande, das die Vermögenslosen aufnimmt. Manchmal denkt man, wenn diese Katastrophe ihren Höhepunkt erreicht hat, wird das Weltgericht des Krieges kommen*, schreibt Klepper ins Tagebuch. Die wachsende Not nimmt ihm den Atem: *So oft ich noch zu feiern oder mich zu freuen versuche, erscheint es mir nicht nur als fragwürdig, sondern als verdammenswert.*

Sorgen über Sorgen. Zudem hat Brigitte, die älteste Tochter, sich entschlossen, zu emigrieren. Auch wenn die Eltern sich einig sind – Klepper ist befremdet darüber, wie *kalt sie von ihrer Emigration* spricht. An ihre Freunde schreibt Brigitte über Klepper: „Augenblicklich ist er so herunter und sieht so schlecht aus, dass der Arzt ihm unbedingt geraten hat, ins Gebirge zu fahren ... so dass die beiden Alten sich entschlossen haben, ... nach Wolfshau zu fahren." Am 7. September 1938 ist es soweit, drei Wochen verbringen die Kleppers im Haus von Werner Milch im Riesengebirge, der Familie, die Reni als Haushaltshilfe aufgenommen hat. Aber auch dort sind sie von den judenfeindlichen Maßnahmen nicht verschont. Alle Hütten und Lokale, mit wenigen Ausnahmen auch die Pensionen sind für Juden gesperrt. Abends bei Tisch diskutiert man über die beunruhigenden Zeitungsmeldungen, die brisante Lage in der Tschechoslowakei: sudentendeutsche Flüchtlingslager an der Grenze, ein Handgranatenüberfall auf ein tschechisches Grenzwachhaus, nächtliche Schüsse. Die Kriegsgefahr wächst, Manöver der deutschen Truppen finden im Grenzgebiet statt. Der Kamm des Riesengebirges ist von tschechischen Truppen kriegsmäßig besetzt. Die Kriegsgefahr wächst. Werden deutsche Truppen in die sudetendeutschen Gebiete einrücken?

Kleppers Urteil über die Vorgänge ist ambivalent. Einerseits schlägt sein Herz für die Tschechoslowakei, fürchtet er den Sieg des Faschismus über ganz Europa, hofft auf den Widerstand Englands und Frankreichs gegen die Machtansprüche Hitlers. Andererseits findet er die Reden und Forderungen Hitlers zwar *unverständlich aggressiv im Ton, aber staatsmännisch überlegt.* Als am 30. September das „Münchner Abkommen" zwischen dem britischen Premierminister Richard Chamberlain und Hitler geschlossen wird, das Hitler ermächtigt, die sudetendeutschen Gebiete der Tschechoslowakei zu annektieren, ist Klepper erleichtert. *Nun haben wieder viele beten gelernt. Gott hat mit dieser Friedenseinigung seine große Schlacht in dem verrotteten Europa gewonnen.* Und vom folgenden Erntedankfest am 2. Oktober an wird in vielen Kirchen als „Friedensfest" begangen, *beim Choral „Nun danket alle Gott" haben viele Menschen geweint,* berichtet Klepper. Und fügt hinzu: *Gott hat gnädig zu den Völkern geredet, wie sollte er Israels vergessen?*

Die Pogromnacht

Wie ein Unwetter fegt die Reichspogromnacht am 9. November 1938 alle noch verbliebenen Hoffnungen der jüdischen Menschen in Deutschland hinweg. Der Anlass, der Anschlag eines jungen polnischen Juden, dessen Eltern aus Deutschland ausgewiesen worden waren, auf einen deutschen Botschaftssekretär in Paris, wird von der deutschen Propaganda zu einer beispiellosen Aktion bis dahin ungekannten Ausmaßes benutzt. Klepper sieht wohl nicht genau, welche Aggression damit losgetreten wird. Was er am 10. November notiert, klingt eher harmlos: *Heute sind alle Schaufenster der jüdischen Geschäfte zertrümmert und in den Synagogen ist Feuer gelegt, doch ungefährlich. Dass die Bevölkerung wieder nicht dahintersteht, lehrt ein kurzer Gang durch jüdische Gegenden ... aus den verschiedenen „jüdischen" Gegenden der Stadt hören wir, wie ablehnend die Bevölkerung solchen organisierten Aktionen gegenübersteht.*

Andererseits erfasst die Angst auch die Kleppersche Familie. Aus den Novembertagen seien nur Ausrisse aus den Tagebüchern zitiert: *Nach einer Auswahl, die unergründlich ist, werden jüdische Männer aus ihren Wohnungen von der Geheimen Staatspolizei weggebracht. Wie man im Schlafe aufschrickt – als würden Hanni, Brigitte, Renerle abgeholt –, das sagt genug. – Brief von Toni Milch und Renerle: auch Werner Milch ist weggebracht, und niemand weiß, wohin. – Eben Anruf von Ilse: Auch August weggeholt, das Geschäft demoliert. Hanni soll doch kommen! So furchtbar: Das Leiden der Juden, das ohne ein „für", eine Idee, einen Glauben ist – Eine Milliarde Mark Buße für das Pariser Attentat den Juden auferlegt. Ab 1. Januar keine jüdischen Geschäfte, Handwerker und Betriebsführer mehr ... In der Welt haben wir Angst – Das alles treibt Hanni, die doch nie weint, immer wieder die Tränen in die Augen. – Die Nächte sind wieder so schwer. – Nun schreiben auch Meschkes von Selbstmorden in ihrem jüdischen Bekanntenkreis. – Quälend die Nachrichten aus Nürnberg: da dort kaum jüdische Geschäfte waren, hat man die Häuser demoliert und die Menschen schwer misshandelt. Onkel Ludwig nur knapp entkommen.*

Der Gedanke, Deutschland zu verlassen, liegt Klepper fernt. Sicher, es wird immer schlimmer, das Judentum wird vernichtet, das sieht Klepper auch, er sieht auch den wachsenden Kampf gegen die Kirche und gegen die christliche Schule, erlebt die Einführung der „Volksweihnacht". Er sieht den „Anfang des Tragischen". Aber aufgeben? Niemals. Selbst als Werner Milch, der in der Gegenwart von Renate von der Gestapo abgeholt wurde, aus dem KZ zurückkommt und nichts anderes mehr will als Deutschland verlassen, notiert Klepper ins Tagebuch: *Ich habe immer gesagt: Der vorletzte, der Deutschland verlässt, ist Werner Milch; die letzten sind Hanni und ich. Der vorletzte geht nun. – So schwer war es also im Konzentrationslager.* Als die jüdischen Freunde aus Breslau mahnen, auch die Kleppers müssten – trotz des neuen Hauses – eine Lösung für sich finden, die Zeit dränge, da meint sogar Hanni Klepper, solange sie hier das Notwendigste zu leben hätte, würde sie nicht aus Deutschland herausgehen.

Dabei sammelt Klepper in diesen Monaten viele Zeitungsausschnitte über die „Judengesetze", ergänzend notiert er nur einen kleinen Ausschnitt dessen, wie tief die Gesetze nach der Reichspogromnacht in das Leben jüdischer Deutscher hineinschneiden. Insgesamt werden über 120 antijüdische Verordnungen erlassen. In Berlin werden „Judenbannbezirke" eingerichtet, Juden wird das Führen von Kraftfahrzeugen verboten, der Besuch von Konzerten wird untersagt. Hanni und Jochen, die so oft gemeinsam Konzerte und Oratorien besucht haben, können das nun auch nicht mehr zusammen erleben.

Die Taufe

Fast zur Nebensache wird in diesen aufreibenden Zeiten die Taufe von Johanna Klepper. Sie hatte Jochen sich doch so lange schon gewünscht, aber nie darauf gedrungen. Zunächst nicht, weil es ihm opportunistisch schien und Hanni kein religiöses Interesse hatte. Dann, als sie immer häufiger über religiöse Fragen diskutierten, war zwar der Gedanke an eine Taufe aufgeflackert, aber rasch wieder verworfen worden, weil der Pfarrer ihnen zu nachlässig schien. Nun aber, da jede politische Opportunität ausgeschlossen war – was hätte eine Taufe einer jüdischen Frau noch helfen können? – und der von Klepper so geschätzte Pfarrer Kurzreiter sich zur Taufe bereiterklärte, und darüber hinaus Hanni sich immer intensiver mit christlichen Fragen auseinandersetzte: Was lag näher als die Taufe endlich zu vollziehen? Am 4. Advent, dem 18. Dezember 1938, fahren Hanni und Jochen nach Mariendorf zur Kirche. Pfarrer Kurzreiter muss noch ein Kind taufen, alle warten in der „Brauthalle" der Kirche. Klepper erlebt eines der modernen Glasfenster in dieser Halle wie eine gemeinsame Vision: *Katharina von Bora und Luther als Brautpaar vor Christus. – Immer wieder sah Hanni hin.*

Es ist eine schlichte Taufe mit anschließender Trauung, die Pfarrer Kurzreiter vorbereitet hat. Klepper gibt diese Schlichtheit des Tages mit schlichten Worten wieder: *Auf dem Altar waren die vier Lichter des Adventsbaumes angezündet, sonst nur die Altarkerzen; kein Mensch, keine Musik, nur Gottes Wort, das aber voll solchen Gewichtes … Die Einsegnung der Ehe vollzog er ohne Ansprache – warum: er begründete es mit zarten, warmen Worten.* Anschließend eine adventliche Kaffeestunde bei den Kurzreiters – *denn wir hatten ja keine Feier als die kirchliche beschlossen. Dann aber war es daheim doch noch einmal wie eine Feier; die Töchter, denen Hanni erst vor dem Aufbruch zur Kirche von der Taufe sagte, erwarteten uns mit weißen Chrysanthemen.*

Brigitte geht

In diesen Wochen wird Hanni und Jochen klar, dass die Auswanderung zumindest der Töchter eilig vorangetrieben werden muss. Zunächst versucht Hanni, ihre bereits nach England und in die USA ausgewanderten Verwandten einzuschalten – vergeblich. Ebenso scheitert die Anmeldung zu einem Jugendtransport nach England, eine Antwort bleibt aus. Dann endlich, Anfang Februar 1939, zeigt sich ein Hoffnungsschimmer: Die frühere Schwägerin eines Bekannten, in London lebend, glaubt den Kleppers helfen zu können. Diese Ursula Hirsch arbeitet in einem Emigrantenwerk, hinter dem der Bischof von Chichester steht und das junge jüdische deutsche Mädchen in englische Haushalte vermittelt. Allerdings müssen die Mädchen älter als achtzehn Jahre sein. Renate ist zu diesem Zeitpunkt erst sechzehn, außerdem ausgerechnet zu diesem Zeitpunkt an Diphterie erkrankt. So beantragt Ursula Hirsch zunächst nur einen Einreiseschein für Brigitte, bietet aber zugleich an, sie könne Renate bis zum vollendeten 18. Lebensjahr in einer Gastfamilie unterbringen. Offenbar aber ist Jochen Klepper nicht in der Lage, beide Töchter zugleich loszulassen. In einem Brief an die befreundete Familie Milch schreibt Renate am 13. März:

„Brigitte hat das Permit für England … Sie ist natürlich sehr glücklich. Sie wird höchst wahrscheinlich schon am 1. Mai eine Stellung darüber antreten. Ich kann erst mit 18 Jahren eine Stellung bekommen. Oder, wenn ich sofort rüber will, könnte ich in eine Familie als Gast hinkommen. Aber Jochen sagt, zwei Kinder auf einmal wegzulassen, wäre reichlich schwer für die Eltern. Ich bleibe also noch eine Weile hier, vielleicht bis zu meinem 18. Geburtstag."

Am 9. Mai ist es soweit: Hanni bringt Brigitte mit dem Zug nach Hamburg und verabschiedet sich dort von ihr. Klepper bleibt mit Renate zurück. Die Auswanderung Brigittes ist für ihn *ein so tiefer Eingriff – manchmal denke ich, ein Eingriff, den Brigitte vornimmt, dessen Gott sich aber annimmt.* Trost findet Klepper vor allem durch das Schreiben am Roman über Katharina von Bora. Jeden Tag fünf Stunden, wenn er reist, dann auf Spuren seiner Romanheldin, noch einmal nach Leipzig und Niembschen, unmittelbar nach Brigittes Abschied. Im Verlag gehen schon die ersten Bestellungen für den Roman ein, obwohl Klepper ihn vor dem Herbst nicht fertig schreiben kann. Am meisten hält ihn ab, dass das neue Haus in der Teutonenstraße langsam fertig ist, der Umzug unmittelbar bevorsteht. Wenn erst umgezogen ist, er *wieder Boden unter den Füßen fühlen kann*, dann wird er endlich mit dem Schreiben in jener Regelmäßigkeit beginnen können, die er sich beim Schreiben stets auferlegt.

In der Zeit vom 22. bis 25. Mai ziehen die Kleppers um. In sein Tagebuch trägt Klepper unter dem letzten Tag im alten Haus den Liedvers ein: *All Arbeit, Müh und Kunst/ ohn Dich nichts richten aus/ Wo Du mit Gnaden bist/ kommt Segen in das Haus* – und ergänzt: *Noch nie hat Gott geschwiegen, wenn ich vor einem sichtbaren Abschnitt des Lebens sein Wort dazu erbat.*

Und wie oft habe ich nun spüren dürfen, dass Gott sich zum Kirchen-
liede bekennt und seinen heiligen Geist dazu gibt.

Auch Renate wird nicht bleiben können, sie hat keine
Zukunft mehr in Deutschland – das ist den Kleppers klar.
Der Überfall auf Polen am 1. September und der damit be-
ginnende Krieg macht eine Auswanderung noch dringlicher,
zugleich aber wird sie immer schwieriger. Zunächst sieht es so
aus, als könne sich eine Möglichkeit ergeben, dass sie in die
Schweiz auswandern könne. Ein in Zürich lebender Kirchen-
musiker und Theologe, den Klepper seit Februar 1939 kennt
und der ein Lied von ihm vertont hat, sichert ihm zu, die
Familie könne Renate bei sich aufnehmen. Aber alle Beziehungen, die Klepper deswegen knüpft, bleiben erfolglos.
Die Schweiz bleibt „wegen Überfremdung" für alle Juden
geschlossen.

Auch das „Büro Pfarrer Grüber" in Berlin, das sich für die
Ausreise vor allem getaufter Juden einsetzt, will Renate helfen, obgleich sie nicht getauft ist. Aber um des Vaters willen
nimmt sich Grüber Renates an. Am 19. Februar 1940 kommt
es zu einer ersten Begegnung, auch Grüber ist noch voller
Hoffnung, dass es zu einer Ausreise in die Schweiz kommen
könnte. Am 10. Mai allerdings zerschlägt sich diese Hoffnung,
ein Brief der eidgenössischen Fremdenpolizei lehnt jede Auf-
enthaltsbewilligung für Renate Stein ab. Begründung: „Der
Kanton Zürich verweigert den nachgesuchten Aufenthalt.
Überfremdung. – Belastung des Arbeitsmarktes. – Die Wie-
derausreise ist nicht gesichert."

Ende August 1940 wird Renate in dem Rüstungsbetrieb
der Siemens-Schuckert-Werke zwangsbeschäftigt. Sie ist nun
als jüdisch erfasst, der Schutz des „arischen" Haushalts ist
nun gänzlich dahin. Nur dem Einsatz eines alten Freundes
aus Rundfunkzeiten verdankt Renate es, dass sie von der
Zwangsarbeit freigestellt wird. Klepper scheint wie erlöst: *Ent-*
lassen bei Siemens: Es ist wirklich und wahrhaftig wahr! Und wirk-
lich der Grund: dass Renerle, die Stieftochter eines bekannten Schrift-
stellers ist. Frei für den Umschulungskursus ... Renerle hat zufällig in
ihren Siemenspapieren die Notiz zu sehen bekommen: „Freizustellen

für Umschulungskursus für die Auswanderung, auf Anweisung der Gestapo." Ende November kann Renate bei der Jüdischen Gemeinde einen Kursus in Modezeichnen und Schnittanfertigung beginnen.

Am 3. Dezember 1940 wird Klepper zur Wehrmacht einberufen. Mit diesem Tage brechen die regelmäßigen Tagebuchaufzeichnungen ab.

Zehntes Kapitel

Ein „guter Deutscher"

Es ist heute schwer nachzuvollziehen, wie unkritisch Klepper Hitler und den Nationalsozialismus beurteilt hat. Seine Urteile in den Tagbüchern schwanken zwischen Bewunderung und Abwehr. Gänzlich ablehnend aber sind sie nur, wenn es um die immer unmenschlichere Ausgrenzung der Juden geht. Er bewundert einerseits Hitlers Erfolge als Staatsmann, der die „Schande" des Versailler Zwangsfriedens in Deutschland vergessen macht. Andererseits verabscheut er die Gottlosigkeit der neuen nationalistischen Ideologie und die Entrechtung der Juden.

Eine Schlüsselaussage für Kleppers Verhältnis zum nationalsozialistischen Staat ist seine Reaktion auf eine Rede Hitlers im Reichstag am 28. April 1939, in der dieser den Nichtangriffspakt mit Polen und gleichzeitig das Flottenabkommen mit England aufkündigt. Vielen ist bewusst, dass die deutsche Politik von diesem Moment an unweigerlich auf einen Krieg hinauslaufen wird. Diesen außenpolitischen Erklärungen, so meint der Geldbriefträger, mit dem Klepper über die Hitlerrede spricht, müsse man als guter Deutscher, auch wenn man kein Nationalsozialist sei, zustimmen. *Solcher Briefträgermeinung kann ich mich nach dem Studium der Rede nur anschließen*, notiert Klepper in seinem Tagebuch, er ist überzeugt, diese Rede könne die Grundlage für neue Einigungen zwischen den Kontrahenten werden, freilich mit Einschränkungen; die erste: verstünden die anderen Versailles, die zweite: hätte Hitler Menschlichkeit gegenüber den Juden – hätte Hitler ernsthafte Achtung vor dem Christentum.

Im Großen und Ganzen aber gilt: Hitlers Erfolge als Staatsmann sind zu groß! Wäre nicht all das Furchtbare um das Judentum, all das Trennende, und darum Richtende gegenüber dem Christentum. Hitler hätte wirklich, was jetzt nur proklamiert wird, das ganze Volk hinter sich, so sehr es unter dem Totalitätsanspruch des Staates seufzt. Zwei Tage später, am 30. April 1939, kommt er mit seinem Freund Harald von Königswald, einem entschiedenen Opponenten Hitlers, überein, dass man der Rede Hitlers „eine nationale Würde nicht absprechen" könne. Jedes Anzeichen einer scheinbaren friedlichen Verständigung entlockt Klepper einen Freudenruf. *Das am abenteuerlichsten scheinende Gerücht hat sich bestätigt; noch immer hat der Nationalsozialismus etwas ,völlig Neues' bereitgehalten: Nichtangriffspakt Moskau und Berlin … bewahrt uns dies vor dem Kriege, so ist's doch menschliche, ja diabolische Klugheit. Gott gibt so den Frieden durch zwei diametral entgegengesetzte, aber gleich gottlose Regierungen nicht … Die Möglichkeit, dass Friede bleibt, ist nun aufgetaucht.*

Der Friede bleibt nicht. Als am 1. September die deutschen Truppen ohne Kriegserklärung in Polen einfallen, steht Klepper fest auf der deutschen Seite. *Es kommen jetzt zu viele Besuche, die ein Symptom der erregten Tage sind. Uns bedeuten sie ein Negativum. Wir wollen keine Prognosen, die der furchtbaren deutschen Zwiespältigkeit entspringen. Wir können nicht aus Bitterkeit gegen das Dritte Reich Deutschland den Untergang wünschen, wie viele es tun. Das ist ganz unmöglich. Wir können auch in dieser von außen so bedrohten Stunde nicht hoffen auf Rebellion und Putsch.*

Falsche Hoffnungen

Selbst die Tatsache, dass der Krieg das persönliche Leben der Kleppers noch mehr einengt, weil die antijüdischen Aktionen immer aggressiver werden, lässt Klepper in seiner blauäugigen Beurteilung der Hitlerschen Kriegspolitik nicht wanken. Am 4. Oktober 1939 folgt auch Klepper der Anordnung, über dem Haus die Hakenkreuzfahne zu hissen, kann es kaum erwarten, Soldat zu werden, er glaubt sogar – wider besseres

Wissen, er notiert zu dieser Bemerkung, er wisse sehr wohl, wie man mit jüdischen Weltkriegssoldaten umgegangen sei –, er könne Hanni und Renate besseren Schutz bieten, wenn er Soldat wäre. Als für Juden die Einkaufszeiten beschränkt, darüber hinaus auch die Lebensmittel- und Kleiderkarten teilweise oder ganz entzogen werden, glaubt Klepper, durch eine Eingabe bei der Reichsschrifttumskammer für seine Frau eine Ausnahmegenehmigung zu bekommen. Der Antrag wird ebenso abgelehnt wie seine Bitte an den ihm zugeteilten Zensor im Reichspropagandaministerium, Dr. Koch, ob seine „volljüdische Ehefrau" nicht mit ihm gemeinsam deutsche Kulturstätten besuchen dürfe. Es ist tragisch, wie blind Klepper für die drohende Vernichtung alles Jüdischen durch seine Bindung an das „Deutsche" ist. Am 26. Juli notiert er in seine Tagebuch: *Juden haben nur noch eine Stunde Einkaufszeit pro Tag, abendliches Ausgangsverbot, Arbeitspflicht ... und täglich zudem die Bedrohung des Judentums durch die Presse, keine Kleiderkarten, Auflagen für Lebensmittelkarten, gesperrte Bezüge ihres eigenen Geldes. Den Zwang, nach dem Krieg allen Grundbesitz zu verkaufen – alles das ist aber nicht das harte Los, das alle für die Juden in Deutschland während des Krieges erwartet haben.* Fast wie eine Vorahnung klingt, wie er fortfährt: *Nichts aber, was noch als „endgültige", bittere „Regelung" kommt, kann so schlimm sein wie das, was ein verlorener Krieg heraufbeschworen hätte. – Denn scheint auch der Krieg gegen England nicht einfach – an dem Sieg zweifeln wir nicht.*

Die Loyalität Kleppers gegenüber der „Obrigkeit" muss tiefe Wurzeln haben – so tief, dass sie weder durch die antijüdischen Gräueltaten (Klepper hat bereits Anfang 1940 erfahren, dass tausende polnischer Juden deportiert und ermordet worden waren) noch durch unmenschliche Aktionen des Euthanasie-Programms erschüttert werden konnte. Anfang Mai 1940 erfährt er von seinem Nachbarn in Nikolassee, Theodor Wenzel, der in der „Inneren Mission" arbeitet, dass *Krüppel, Schwachsinnige, Jugendliche und Senile, die als unheilbar gelten, ... aus den Unterbringungsanstalten herausgezogen, nach unbekannten Orten gebracht (werden) – nach einiger Zeit die Ange-*

hörigen die Urne mit der Asche erhalten; der Patient wäre gestorben und einer Infektionsgefahr wegen eingeäschert worden, und dass schon über 15 000 Menschen der Aktion zum Opfer gefallen seien. Da warnt Klepper davor, eine mögliche Niederlage Deutschlands wegen der Gräuel als gerechte „Strafe Gottes" zu sehen:

Mich macht sehr sorgenvoll, dass gerade auch in kirchlichen Kreisen so oft die Auffassung einem begegnet, Deutschland könne nicht siegen, weil dieses Regime das Strafgericht ereilen müsse. Da scheint mir dringend Not zu erwägen, ob nicht der Sieg und die restlose Behauptung des Nationalsozialismus, über den Hass der Welt und das Unglück der besten Deutschen hinweg, vielmehr das Strafgericht über uns, die Kirche sein könnte und dass dieses dringlicher sei, weil wir erfuhren, was jene nie ahnten. Auch dürfen wir im Gebet „Und erlöse uns von dem Übel" nie an die Obrigkeit denken oder nur, indem wir zugleich beten: „Wandle sie von innen her".

Klepper harrt aus, als sei die geschichtliche Entwicklung allein Gottes Sache, in die Menschen nicht eingreifen können und sollen. Darum hofft er, dass die nationalsozialistische Ideologie – *so ganz ohne Gott* – von selbst (oder von Gottes Hand?) enden wird, er betet darum, dass *Hitler sich wandle*. Als im Juni 1940 der Waffenstillstand zwischen Deutschland und Frankreich geschlossen wird, sieht Klepper in allen Ereignissen auch die ernsthafte Frage, ob nicht Gottes Hand im Spiel ist. Zwar sei alles anders als erwartet – *aber Gott ist der alte, bei dem die Zuflucht ist, auch ein „dämonischer Sieg" – und wer will entscheiden, ob er das ist? – kann Gottes Mittel, an uns zu handeln, gnädig an uns zu handeln, sein.* Die Frage nach Gottes Anteil an der Geschichte treibt Klepper im gleichen Atemzug so weit, dass er ratlos nach Erklärungen herumsucht: *Das christliche Abendland ist an der Schuld seiner Fürsten, Führer und Völker gescheitert. Nun wird … vielleicht ein sehr aktives, vitales, ja blühendes Europa kommen – unter der Führung eines unchristlichen Deutschlands? Oder lenkt Gott auch das Herz dieses geheimnisvollen Mannes Hitler wie die Wasserbäche?*

Wer diese Notizen heute liest, muss sich fragen, wie es kommt, dass Klepper ungeachtet der immer unerträglicheren

Lage seiner Frau und Tochter an dem Gedanken festhält, alles steht in Gottes Hand. Nicht nur er selbst, seine Familie, sondern die ganze Welt. Diese Einstellung hat einerseits etwas Tröstliches, zugleich aber auch etwas Tragisches.. Die Tragik empfindet Klepper sehr wohl, sie stürzt ihn in diesen Tagen in tiefe Niedergeschlagenheit. Er versucht sich die Verzweiflung von der Seele zu schreiben, wie ein Hilferuf klingt, dass er der Depression nun nicht mehr Herr wird: *aufgerieben zwischen dem moi haïssable (dem verabscheuungswürdigen Ich) und dem politischen Druck halte ich das Künstlerische in mir für erschöpft und erloschen. Ich sehe von mir aus keinen Weg mehr zu einem neuen Buch und künftigen Büchern. Der Widerruf der Sondergenehmigung würde mich mehr entlasten als vernichten ... Ich fürchte, ich darf mir die Frist nicht zu lang setzen, bis ich die Folgerungen aus dieser totalen Erschöpfung und Zermürbung ziehe ... Ich möchte vermeiden, dass das Erlöschen der künstlerischen Kraft in mir zu einem Erlöschen der Lebenskraft wird. Dazu brauchen Hanni und Reni den Schutz meiner Existenz zu sehr. Sonst: Ich wüsste nichts Schöneres als den Tod: nach all den irdischen Zusammenbrüchen Anfang ohne Ende und immer am Ziel und immer daheim sein.*

Der Soldat

Als betrete er eine andere, zweite Welt, so muss man die Zeit wohl empfinden, die Klepper als Soldat zugebracht hat. Und nicht nur die Welt ist eine andere, auch Klepper selbst scheint ein von Grund auf anderer zu sein. Er drängt darauf, ein „echter" Soldat zu werden, nicht bloß Sanitäter, er spricht von *Männersache*, die er wirklich brauche, verfällt nach der Einberufung auf pubertär-romantisch anmutende Phantasien: *Was werde ich von der alten Armee meines Königs wiederfinden? Ich kann und darf nichts anderes sein als nun wirklich nur Soldat meines geliebten, schmerzensreichen Königs, darf nicht an das denken, was ich verlasse.*

Eigentlich hätte er gar nicht einberufen werden dürfen, denn nach einer geheimen „Führerentscheidung" war das

Jochen Klepper mit Renate Stein und Hanni Klepper-Stein, 1941

Oberkommando der Wehrmacht im April 1940 angewiesen worden, dass „jüdische Mischlinge I. Grades" oder „Arier, die mit Mischlingen I. Grades oder Jüdinnen" verheiratet waren, unverzüglich aus der Wehrmacht zu entlassen seien. Diese Anweisung führte schließlich auch zu Kleppers Zwangsentlassung im September 1941, gegen die er sich nach Kräften gewehrt hat und dazu auch die Unterstützung seiner vorgesetzten Offiziere erbeten hatte.

Die Fakten seiner Soldatenzeit sind rasch erzählt: Ausbildung zum „Fahrer vom Sattel" in Fürstenwalde, dann als Infanterist nach Polen abkommandiert, im März mit einem

Bahntransport nach Rumänien verlegt, nimmt er am Balkanfeldzug teil, dann wird die 12. Armee, der er angehört, im Mai an die russische Grenze verlegt. Klepper nimmt am Russlandfeldzug teil, bis er im September gegen seinen Willen entlassen wird.

Als er heimkehrt, ist er für Freunde kaum wiederzuerkennen. Dr. Kurt Pagel, sein Lektor und Freund bei der Deutschen Verlagsanstalt, kann den Wandel kaum fassen: „Der entlassene Soldat, der da … vor uns saß, braungebrannten Gesichts, mit gerundeten Backen, mit den bedächtigen Bewegungen eines Landsers und mit seinem Gleichmut, der kannte keine Schlaflosigkeit und keine Kopfschmerzen, hatte keine verklemmten Komplexe, nahm die Entlassung aus der Wehrmacht ganz von der praktischen Seite; hatte ein ganz unbefangenes Bild von der politischen und militärischen Wirklichkeit; hatte ein bisschen Heimweh nach der Truppe, nach den Kameraden, die er durch die oft raue Schale hindurch hatte sehen lernen."

Seine Soldatenzeit gibt tatsächlich Rätsel auf. Er hat sich als Soldat wohlgefühlt, war nie wirklich in schwere Kämpfe verwickelt, sieht sehr wohl die Folgen des Krieges, die verstümmelten Leichen der Erschossenen, die zerstörten Bunker und Stellungen, die verbrannten Dörfer, die verwüsteten Felder – und schildert sie mit einer sachlichen Nüchternheit. Er nimmt die langen Märsche mitunter als eine willkommene Gelegenheit wahr, die Natur zu schildern, freut sich in den zahlreichen Briefen an Hanni und Renate über die freundlichen Vorgesetzten, über die Kameradschaft in der Truppe. Mitunter, wenn sie durch rumänische Dörfer ziehen, schildert er das einfache Leben und die schlichte Freundlichkeit der Landbewohner in der Bukowina. Von der blutigen Wirklichkeit des Krieges, seiner abstoßenden Grausamkeit und dem Schrecken, den die nackte Soldatengewalt verbreitet, weiß Klepper nichts zu berichten. Seine Bekanntheit als Verfasser des König-Romans verschafft ihm Ansehen unter vielen Offizieren, die sein Buch gelesen haben, sie setzen ihn zur „geistigen und seelischen Betreuung" der Soldaten ein, er hält freie Vorträge vor Soldaten, was ihn stolz und zufrieden macht. Schließlich wird er mit einer Sonderaufgabe betraut: Er wird zum Nachschubstab versetzt und soll die Feldzugsgeschichte des Nachschubs schreiben. Eine privilegierte Stellung – seine Kameraden geben ihm den Spitznamen „Kurgast". Am 22. September 1941 muss Klepper das Militär verlassen, sein *Irrfahrt*, wie er seine Soldatenzeit einmal in einem Brief an seine Frau nennt, ist vorüber.

ELFTES KAPITEL

„Das Letzte ist besprochen"

Als Jochen Klepper nach seiner Entlassung am 8. Oktober in Berlin in der Teutonenstraße 23 ankommt, ist die Freude nicht ungetrübt. *Es war ein so behütetes und doch so trügerisches Bild: beide* (Hanni und Renate) *so elegant, der Abendbrottisch so besonders schön gedeckt. Und alles so bedroht; und Renerle so gequält, obwohl sie alle Konsequenzen, die mir bewusst sind, noch immer nicht klar sehen will.*

Die Konsequenzen, die Klepper sieht, sind in der Tat furchtbar. Seit dem 15. September muss Renate Stein den Judenstern tragen, sie wird deportiert werden, diese Befürchtung wird langsam zur Gewissheit. Klepper kann nicht ahnen, dass mit dem Datum des nächsten Tages die Deportation von Renate bereits eingeleitet ist. Fast täglich aber kommt Renate von ihrer Arbeitsstelle mit bösen Nachrichten. Da ist eine Kollegin plötzlich verschwunden, eine andere berichtet, ihre Nachbarin hätte sich umgebracht. Renate bittet ihren Vater, doch beim Reichsinnenminister Wilhelm Frick um eine Audienz zu bitten, der habe doch so oft den *„Vater"* verschenkt. Das Überraschende geschieht: Schon einen Tag später ruft das Ministerium an und lädt Klepper für den nächsten Tag um halb eins zum Gespräch mit dem Minister. Kleppers Eindruck ist schwankend. *Zum mindesten kein rein negativer, sondern ein problematischer Eindruck; was am meisten für ihn spricht, ist, dass Frick gequält aussieht ... ob die Haltung einer gewissen Menschlichkeit mehr ist als eine Pose, lässt sich nicht entscheiden; auch nicht, ob ihn die Dinge so beschäftigen, wie er es wirken lässt.*

Immerhin versichert Frick – auch wenn er endgültig nichts entscheiden kann – Renate sei nicht unmittelbar bedroht, außerdem hält er eine Auswanderung nach Schweden für die beste Lösung. Vorbedingung sei allerdings die Einwanderungserlaubnis nach Schweden. Drei Tage später schreibt Klepper den von Frick empfohlenen Antrag, am 29. Oktober trifft zur großen Erleichterung aller ein Brief des persönlichen Referenten Fricks ein: „Im Auftrag von Herrn Reichsminister Dr. Frick teile ich Ihnen auf Ihr Schreiben vom 25. Oktober 1941, in dem Sie Ihre häusliche und persönliche Lage nochmals referieren, mit, dass Sie wegen des Verbleibens Ihrer Stieftochter Renate Stein bei Ihnen sich keine unnötigen Sorgen zu machen brauchen. Sie fällt nicht unter die Maßnahmen, die in Verbindung mit dem Evakuierungsprogramm zur Zeit durchgeführt werden."

Nun dreht sich alles um die Frage, ob eine Auswanderung nach Schweden gelingen kann. Und wenn nicht, was dann? Hanni und Jochen sind sich einig: Sollten sie auseinandergerissen werden, würden sie gemeinsam in den Tod gehen. Renate gegenüber verschweigen die beiden ihren Entschluss. Sie wollen nicht den letzten Rest Hoffnung zerstören, den Reni bewahrt hat. *Sie spricht in diesen Tagen immer noch von Hoffnung und davon, dass sie irgendwo einen Platz für ihr weiteres Leben finden werde.*

Am Abend des 17. November 1941 aber ist alles anders. Als Renate von der Arbeit nach Hause kommt, erzählt sie, dass im Betrieb die achtzehnjährige Elisabeth A. und sie entschlossen wären, sich im Falle der Deportation das Leben zu nehmen. Das macht den Eltern leichter, von ihrem Entschluss zu sprechen. *So wollen wir, tritt dies Schreckliche ein und vermag kein Frick noch sonst jemand es abwenden, uns drei mit Gas vergiften. Einen Augenblick freilich weinte Renerle sehr, und sie weint wie Hanni fast nie ... Wir wollen sterben: Aber über diesem Sterbenwollen, so unfasslich es ist, steht der Glaube: „Ich weiß, dass mein Erlöser lebt."*

Vier Tage später kommt ein Brief der Jüdischen Gemeinde an – es ist die übliche Aufforderung an Juden, die Wohnung zu räumen und die Listen für das Eigentum aufzustellen, bei der Gemeinde vorzusprechen – so wird die Deportation eigeleitet. Die folgenden Monate sind von fieberhaften Versuchen bestimmt, die Einreise nach Schweden zu forcieren. Meschkes, die Renate in Schweden aufnehmen wollen, sind unablässig bemüht. In Berlin versucht Birger Forell, der schwedische Pfarrer an der schwedischen Botschaft, die Kirche in Schweden für die Einreise Renate Steins einzusetzen. Die Verhandlungen scheinen zu stocken, monatelang warten die Kleppers auf eine positive Antwort, erwägen, ob eine Flucht in die Schweiz nicht der einzige Ausweg sein könnte. *Jeder Tag bringt neue Hilfsaktionen für Renerle. So ohnmächtig sie erscheinen, so umständlich sie sind, darf ich nichts außer acht lassen. Ich vertraue keinem dieser Schritte. Nun also wieder die Schweiz. Und ich weiß doch, dass in alledem der Weg nicht mehr da ist … Ich bin allmählich verzweifelt, dass in mein Leben keine Ordnung mehr zu bringen ist.*

Der 11. Januar verstreicht, an diesem Tag sollte Renate mit dem Deportationstransport Richtung Osten aufbrechen müssen. Aufschub, die Jüdische Gemeinde schickt die Papiere, die Deportation betreffend, zurück. Fürs erste ist die Bedrohung gebannt. Hanni und Jochen fahren für zwei Wochen ins Riesengebirge, um sich zu erholen. Das Jahr verfliegt in der bangen Erwartung einer Entscheidung. An Flucht denken? Ausgeschlossen. Sich von Hanni scheiden lassen müssen – ausgeschlossen! Vielleicht mit Hanni und Renate gemeinsam nach Schweden – da bleibt kaum ein Hoffnungsschimmer.

Gott weiß, dass ich es nicht ertragen kann, Hanni und das Kind in diese grausamste und grausigste aller Deportationen gehen zu lassen. Er weiß, dass ich ihm nicht geloben kann, wie Luther es vermochte: ,Nehmen sie den Leib, Gut, Ehr, Kind und Weib, lass fahren dahin –. Leib, Gut, Ehr – ja! Gott weiß aber auch, dass ich alles von ihm annehmen will an Prüfung und Gericht, wenn ich nur Hanni und das Kind notdürftig geborgen weiß … Das Letzte ist besprochen.

Erneut versucht Klepper, über den schwedischen ersten Legationssekretär in Berlin, Karl Frederik Almquist, eine Einreiseerlaubnis zu bekommen. Almquist fliegt deswegen extra nach Stockholm und kommt wenige Tage später zurück. Man glaube in Stockholm, die Fürsprache Fricks sei an einen Spionageauftrag gebunden, man brauche nun noch einmal genauere Auskünfte über die Familie. Nach langem Schweigen, am 5. Dezember 1942, kommt der erlösende Anruf von Almquist: Das schwedische Ministerium des Äußeren erteilt Renate Stein eine Einreiseerlaubnis für drei Monate. Was nun fehlt: Die Ausreisegenehmigung aus Deutschland. Am gleichen Tag ein Telegramm aus Stockholm mit der Nachricht, Brigitte habe eine Tochter zur Welt gebracht: Katharina – *Wie schmerzlich ist es, dass man so dafür danken muss, dass das Kind nicht in Deutschland, dem Deutschland dieser furchtbaren Gegenwart, geboren ist.* Ob Hanni nicht auch nach Schweden einreisen darf – das ist die Sorge, die Klepper nun umtreibt. Er bittet erneut um ein Gespräch mit Wilhelm Frick, der ihn schon für den nächsten Tag zu sich bestellt. Frick steht zu seinem Angebot, Renate zur Ausreise zu verhelfen. Aber als Klepper die Sprache auch seine Frau bringt, gesteht Frick seine Ohnmacht ein: „Noch ist Ihre Frau durch die Ehe mit Ihnen geschützt. Aber es sind Bestrebungen im Gange, die die Zwangsscheidung durchsetzen sollen. Und das bedeutet nach der Scheidung gleich die Deportation des jüdischen Teils … Ich kann Ihre Frau nicht schützen. Ich kann keinen Juden schützen."

Auch Renate ist nicht mehr zu schützen – Adolf Eichmann im Reichssicherheitshauptamt behält sich persönlich die Genehmigung zur Ausreise vor, bestellt Klepper am 9. Dezember zu sich, hält ihn hin: „Ich habe noch nicht mein endgültiges Ja gesagt. Aber ich denke, die Sache wird klappen." Am Tag darauf muss Eichmann das endgültige „Nein!" zur Ausreise ausgesprochen haben.

Der letzte Tagebucheintrag Kleppers am 10. Dezember, dem Tag, an dem das Leben der Familie Klepper endet, lautet: *Wir sterben nun – ach, auch das steht bei Gott – Wir gehen heute nacht gemeinsam in den Tod. Über uns steht in den letzten Stunden das Bild des Segnenden Christus, der um uns ringt. In dessen Anblick endet unser Leben.*

Grab der Familie Klepper in Berlin-Nikolassee.

Die Statue des „Segnenden Christus" hatten Johanna und Jochen Klepper wenige Wochen zuvor erworben. Sie stand auf dem Küchentisch, hielt die Hände ausgestreckt erhoben über die drei, die sich auf dem Boden niedergelegt hatten, nachdem sie den Gashahn geöffnet hatten.

Die Mutter des Nachbarn Hans Karbe schließt am nächsten Morgen, alarmiert von der Haushaltshilfe, die Tür auf, findet innen einen Zettel „Kein Licht machen – Gas!" Dann öffnet sie die Küchentür … Dort lagen die drei Toten auf Decken in Nachtkleidern auf dem Fußboden nebeneinander – in der Mitte Hanni, rechts und links von ihr Reni und Jochen.

Lebensdaten

1903 22. März: Joachim Georg Wilhelm Klepper wird in Beuthen an der Oder geboren.

1917 Nach dem Privatunterricht durch den Vater kommt Klepper an das Evangelisch-Humanistische Gymnasium in Glogau. Ab Herbst wohnt er bei seinem Lehrer Erich Fromm.

1922 Jochen Klepper besteht das Abitur. Immatrikulation an der Friedrich-Alexander-Universität in Erlangen.

1923 Er zieht ins „Johanneum" ein, immatrikuliert sich an der Schlesischen Friedrich-Wilhelm-Universität in Breslau.

1925 Erholungskur in Bad Saarow.

1926 Er kehrt nach Beuthen zurück, bricht das Studium ab. Exmatrikulation, er beginnt als Journalist zu arbeiten, kann erste Artikel veröffentlichen.

1927 Anstellung speziell für Rundfunkangelegenheiten beim Evangelischen Presseverband für Schlesien. Er bezieht die erste eigene Wohnung. Die erste eigene Sendung in der „Schlesischen Funkstunde".

1928 Einzug als Untermieter bei Johanna Stein-Gerstel.

1930 Reise mit Johanna Stein nach Paris. Klepper verlässt den Evangelischen Presseverband.

1931 28. März: Heirat mit Johanna Stein-Gerstel auf dem Standesamt in Breslau. Die Familien beider Eheleute bleiben der Trauung fern. Umzug von Breslau nach Berlin, zunächst allein.

1932 Hanni kommt nach. Austritt aus der SPD. Klepper tritt seine Arbeit bei der „Berliner Funkstunde" an.

1933 Entlassung aus dem Berliner Rundfunk. Arbeitsantritt bei der Redaktion des Funkblattes „Sieben Tage" im Ullsteinhaus.

1934 Aufnahme in die Reichsschrifttumskammer. Der Vater Georg Klepper stirbt.

1935 Erster „Versuch eines Kirchenliedes". Kündigung durch den Ullstein-Verlag. Umzug in das erste eigene Haus in der Karlstraße 6.

1937 Der Roman „*Der Vater*" kommt in den Buchhandel. Ausschluss aus der Reichschrifttumskammer, am 2. September Sondergenehmigung Reichskirchenmusikfest. Die ersten Kirchenlieder Kleppers werden veröffentlicht: „Du bist als Stern uns aufgegangen".

1938 Die Töchter Brigitte und Renate gehen von der Schule ab. „Der Soldatenkönig und die Stillen im Lande" erscheint. Die Liedsammlung „Kyrie" wird gedruckt. Hanni lässt sich taufen. Kirchliche Trauung.

1939 Brigitte wandert nach England aus. Einzug in das neue Haus in Berlin-Nikolassee.

1940 Einberufung zum Heer.

1941 Entlassung aus der Wehrmacht.

1942 Verhandlungen mit der schwedischen Botschaft über die Ausreise Renates. 5. Dezember: Die Einreise wird genehmigt. 9. Dezember. Adolf Eichmann verweigert die Ausreise. 11. Dezember: Johanna, Renate und Jochen Klepper gehen gemeinsam in den Tod.

Literatur

Quellen

Tagebücher 1932–1942. Deutsches Literaturarchiv Marbach 77.3340–77.3347

Unter dem Schatten deiner Flügel. Aus den Tagebüchern der Jahre 1932–1942, hg. v. Hilde Klepper, Stuttgart 1983

Kyrie. Geistliche Lieder, Witten/Ruhr 1951

Der Kahn der fröhlichen Leute, Frankfurt/Main 1955

Der Vater. Roman eines Königs, Stuttgart 1937

Briefwechsel 1925–1942, hg. v. Ernst Riemschneider, Stuttgart 1973

Gast und Fremdling. Briefe an Freunde, hg. v. Eva-Juliane Meschke, Witten/Berlin 1960

Biografien und Aufsätze
Baum, Markus: Jochen Klepper, Schwarzenfeld 2011
Ihlenfeld, Kurt: Freundschaft mit Jochen Klepper, Wuppertal 1967
Jonas, Ilse: Jochen Klepper. Dichter und Zeuge, Berlin 1951
Riemschneider, Ernst G.: Der Fall Klepper. Eine Dokumentation, Stuttgart 1975
Thalmann, Rita: Jochen Klepper. Ein Leben zwischen Idyllen und Katastrophen, München 1978
Wecht, Martin: Jochen Klepper. Ein christlicher Schriftsteller im jüdischen Schicksal, Düsseldorf/Görlitz 1998
Kohler, Oliver: In deines Herzens offene Wunde. In Erinnerung an Jochen Klepper, Hünfelden 1992
ders. (Hg.): Wir werden sein wie die Träumenden. Jochen Klepper – eine Spurensuche, Neukirchen-Vluyn 2003

Bildnachweis

Titel, Keystone/epd-bild; S. 4: Birnstein; S. 140: wikimedia/ Jochen Jansen/Lizenz CC BY-SA 3.0; alle anderen: Deutsches Literaturarchiv Marbach

Zitate

Kleppers geistliche Lyrik ist theologisch durchdachte Poesie, in großer Bibelnähe gestaltet, zuweilen wohl spröde, nicht leicht singbar, gepresst wie zerstoßene Ölfrucht, einer angefochtenen Seele abgerungen. Aber das „Er weckt mich alle Morgen", das Adventlied und die Silvesterzusage sind uns sehr nahe, und einige gestraffte Zeilen sind ein unveräußerlicher Besitz der Christenheit geworden.
Albrecht Goes

Mitten in der allgemeinen Austrocknung geistlicher Erfahrung und geistlicher Wachheit und mitten im Sog der Verarmung und Verflachung unserer Sprache hat Gottes Geist aus einem sehr bedrängten und angefochtenen Menschen nichts weniger als einen Psalmisten unserer Tage gemacht..

Ulrich Wilckens

Das Schicksal Jochen Kleppers und seiner Familie unter den Nationalsozialisten war schrecklich. Und dennoch ist es fast tragisch zu nennen, wie sehr Klepper die obrigkeitsstaatlichen Strukturen als evangelischer Laientheologe verklärt – Strukturen, deren schreckliche Konsequenzen und Auswüchse sich in eben dem Nationalsozialismus zeigten, dem Klepper und die Seinen zum Opfer fielen. Studiert man seine Biografie, wird also zugleich Grundsätzliches über den Weg der evangelischen Kirche und Theologie im zwanzigsten Jahrhundert deutlich.

Christoph Markschies

Jochen Klepper ist einer der großen Liederdichter deutscher Sprache im 20. Jahrhundert. Seine Lebensgeschichte ist durch die Finsternis der Judenverfolgung geprägt, deren Opfer seine Frau und deren Töchter waren. Er ging den Weg an ihrer Seite – bis zum Tod. Seine Lebensgeschichte soll genauso in Erinnerung bleiben wie seine Lieder.

Wolfgang Huber